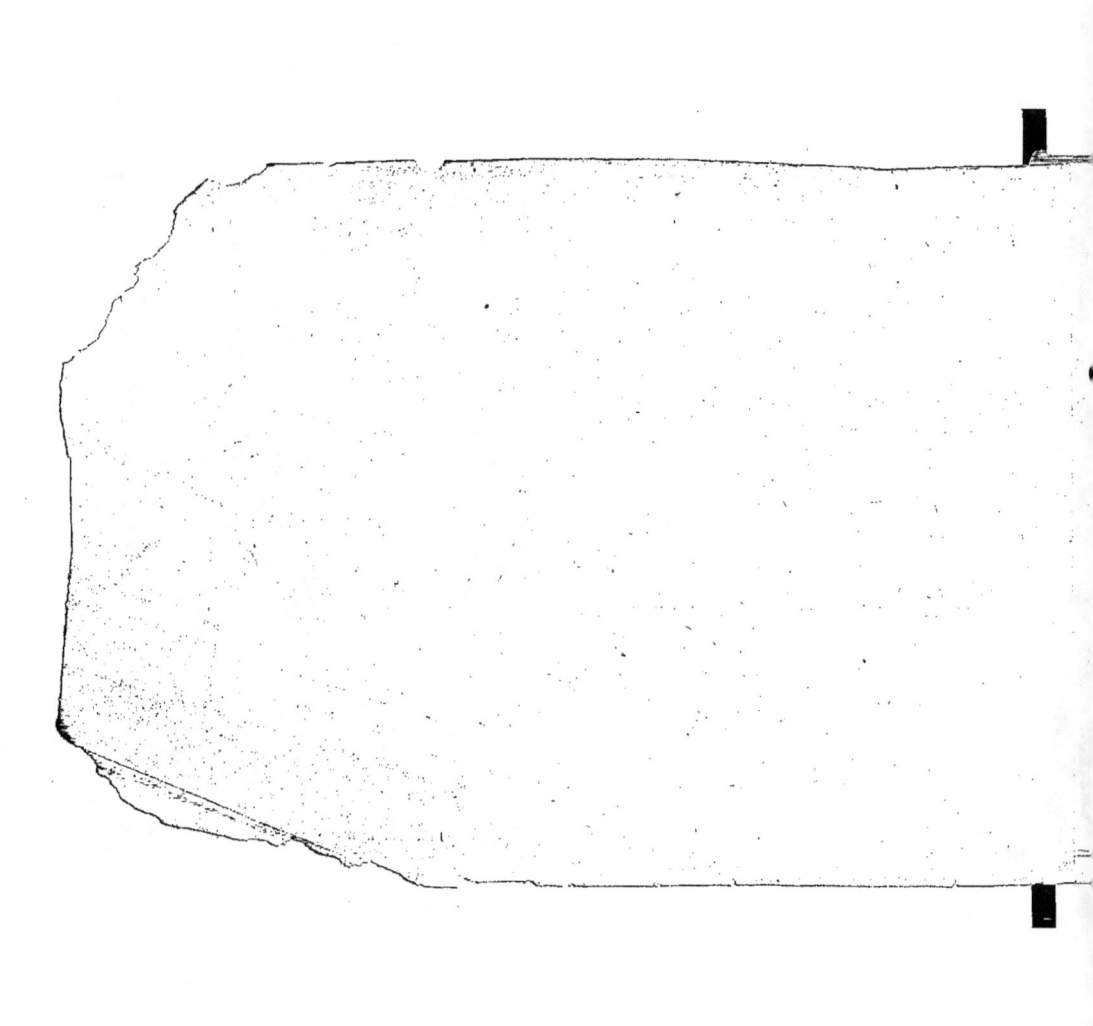

ALBUM DE LA BRODEUSE

CHOIX DE 419 DESSINS DE BRODERIES

DÉDIÉ AUX FAMILLES

PAR MICHEL BRUNET

DESSINATEUR

DIJON

Chez : l'AUTEUR, rue Guillaume, 20 ; Mlles LOYE et TASSART, marchandes de broderies, place du Théâtre ;
et Adolphe GRANGE, imprimeur, rue Bossuet, 15.

1862

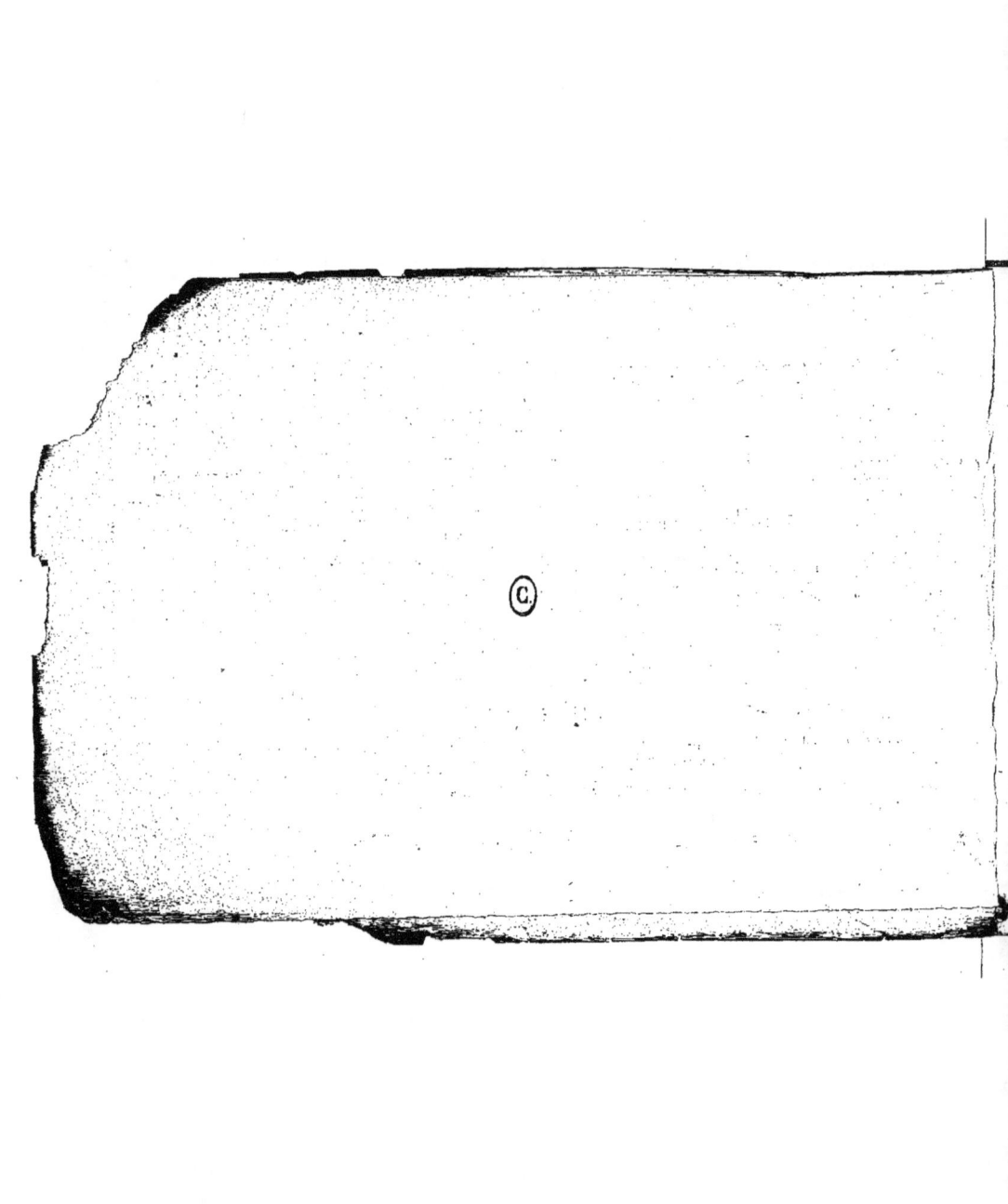

Aux Familles.

Rien n'est plus pernicieux pour la jeunesse que l'oisiveté; car l'oisiveté est la source de la misère. Il faut donc de bonne heure apprendre aux enfants que le travail est un bienfait de la Providence qui procure une satisfaction vraie de soi-même, puisque par lui nous sommes relativement plus heureux. Leurs jeunes intelligences ne tardent pas à reconnaître cette vérité, et l'habitude secondant la volonté fait que bientôt le travail devient pour eux un plaisir.

Parmi les occupations des jeunes filles, qui offrent l'avantage de joindre l'utile à l'agréable, on peut avec raison mettre en première ligne LA BRODERIE. On brode à la ville et à la campagne. *Broder* est un délassement aujourd'hui, peut-être une ressource demain. Il est donc nécessaire d'encourager les jeunes personnes qui se livrent aux ouvrages de broderie; c'est dans ce but que nous publions l'ALBUM DE LA BRODEUSE.

Cet Album ne se recommande pas seulement aux mères de famille, mais encore aux maîtresses d'institutions, aux communautés, et même aux dessinateurs.

Dessinateur de profession, mon expérience m'a prouvé que les dessins de bon goût sont toujours ceux que l'on reproduit.

Le col et le bonnet changent de forme, c'est-à-dire de mode, mais la garniture et l'entre-deux ne changent pas. Aussi me suis-je attaché à recueillir surtout des dessins faciles, de garnitures et d'entre-deux qui sont devenus indispensables. Il suffit d'ouvrir ce recueil pour trouver une série de dessins gradués et bien variés ayant rapport à ce que l'on cherche. L'*Album*, d'ailleurs, est d'un format portatif et commode qui permet de l'avoir toujours avec soi.

La grande confiance qui m'a été accordée jusqu'alors par les dames de Dijon ainsi que des localités voisines, m'est une garantie suffisante que ce modeste Album sera accueilli avec faveur du public.

Les différents dessins qu'il renferme sont classés dans l'ordre suivant :

Feston uni.	Page 4
Feston aigu bourré.	8
Feston crête de coq.	12
Feston uni bourré	16
Feston point de rose	Page 25
Feston bouclé.	27
Entre-deux.	37

Etabli à Dijon depuis plusieurs années, l'auteur se charge des dessins de broderies les plus simples comme les plus compliqués. Quelle que soit l'importance de la commande, on peut s'adresser à lui en toute assurance, et, vu la facilité et la modicité de prix du transport par la poste, les personnes qui voudront bien l'honorer de leur confiance seront servies par le retour du courrier.

Ecrire *franco* à M. Michel Bruner, rue Guillaume, n° 28, à Dijon.

(344) — Dijon, impr. A. Grange.

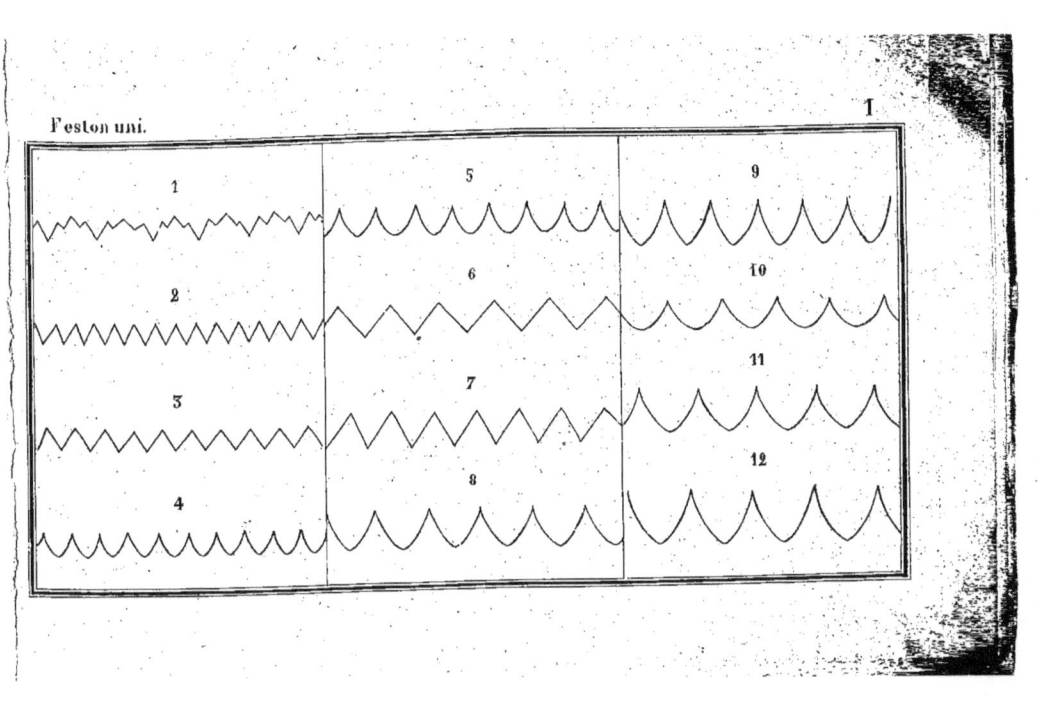
Feston uni.

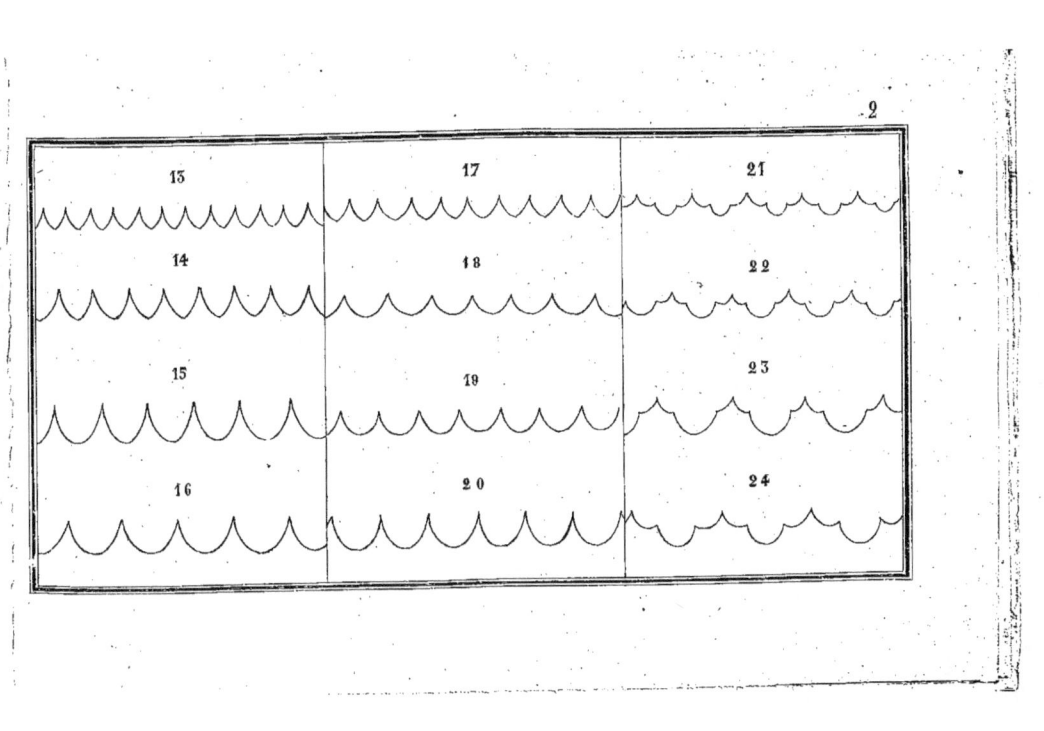

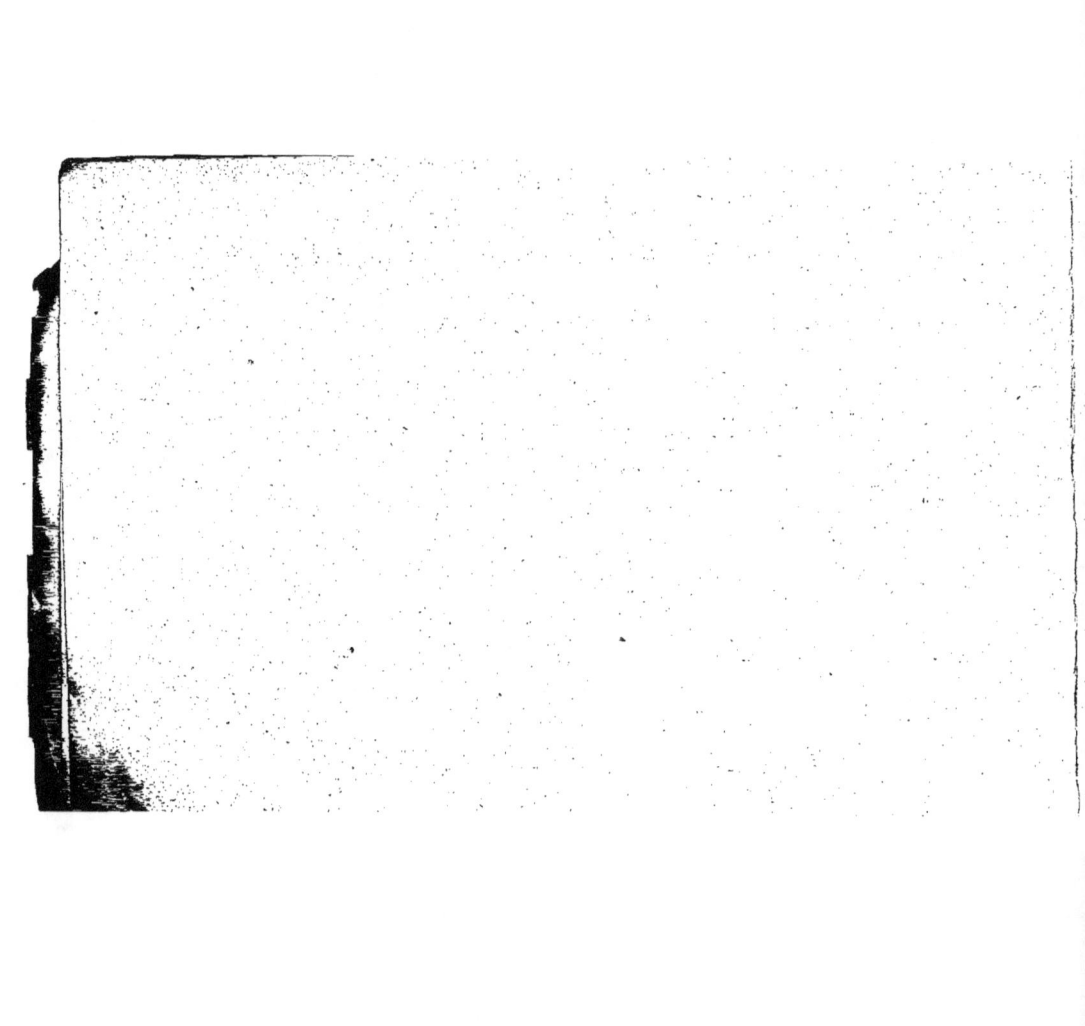

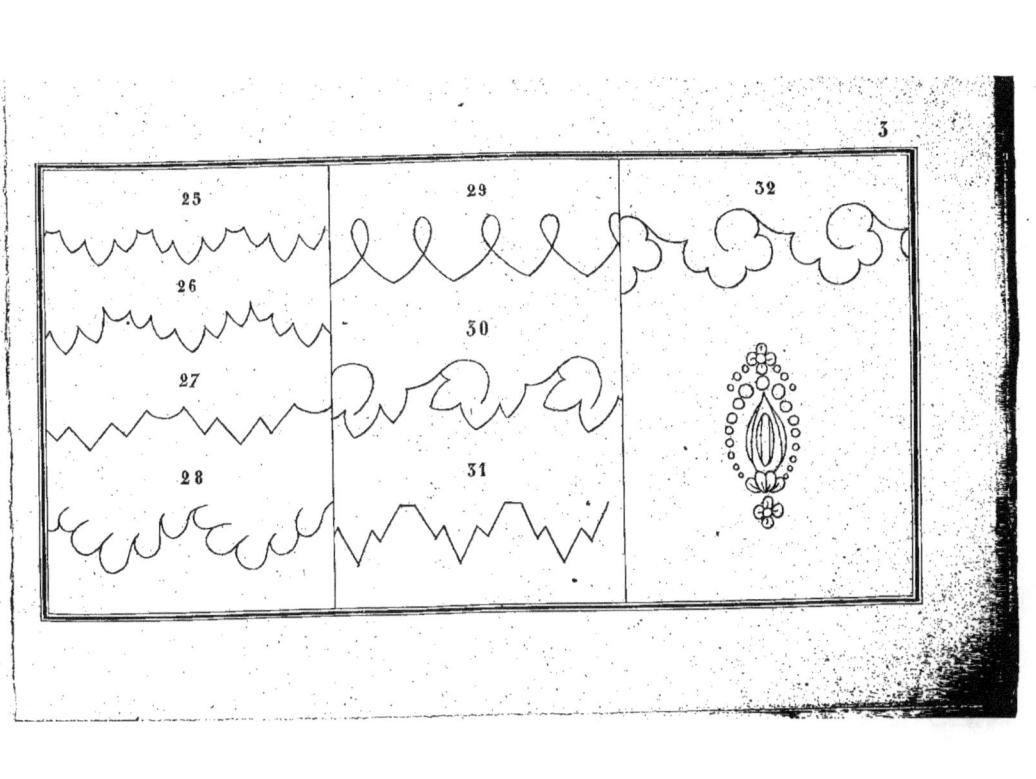

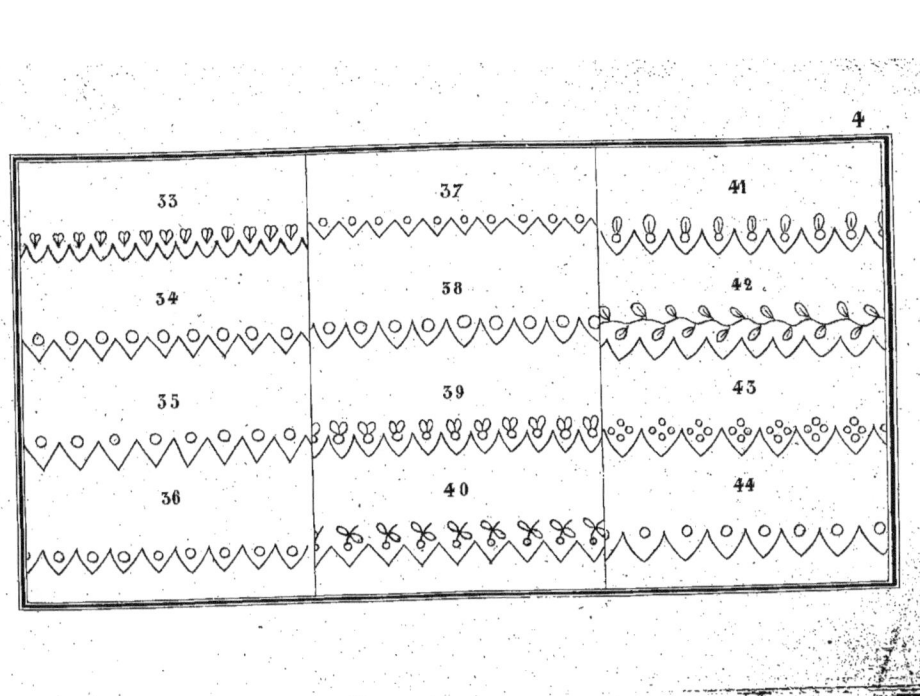

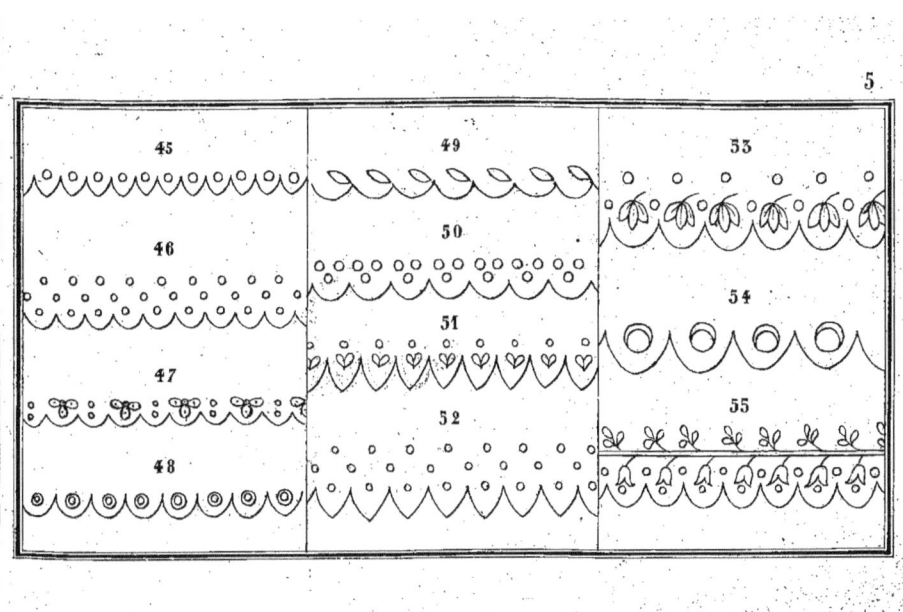

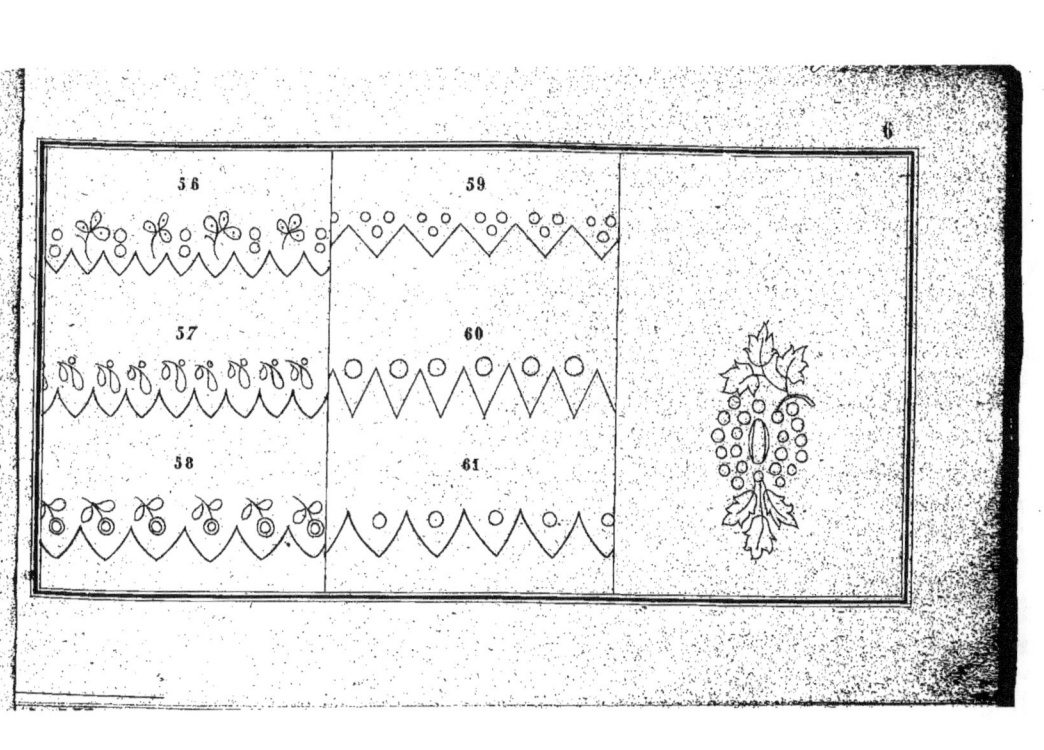

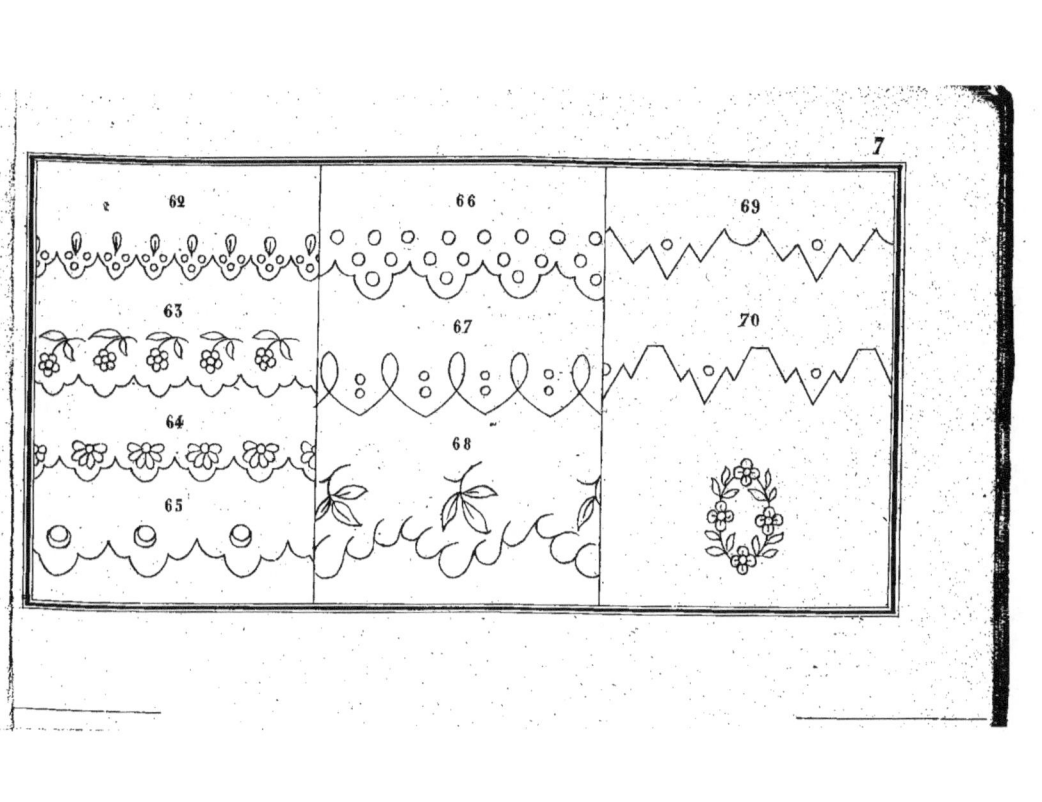

Feston aigu bourré.

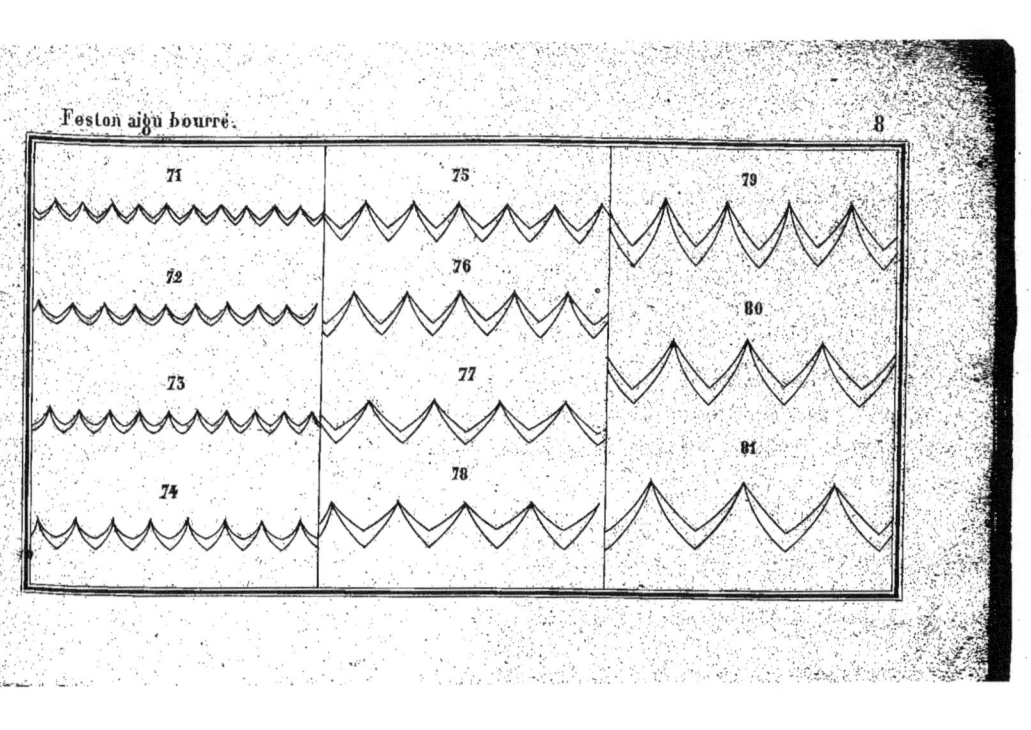

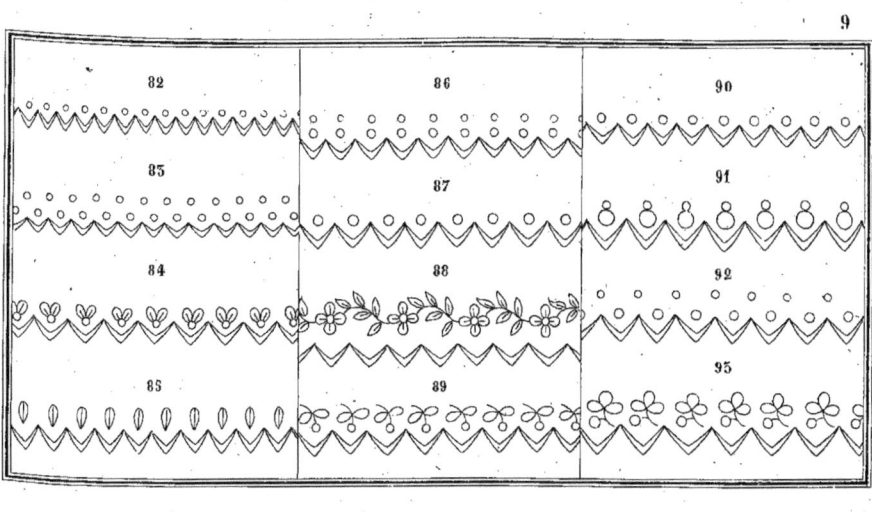

10

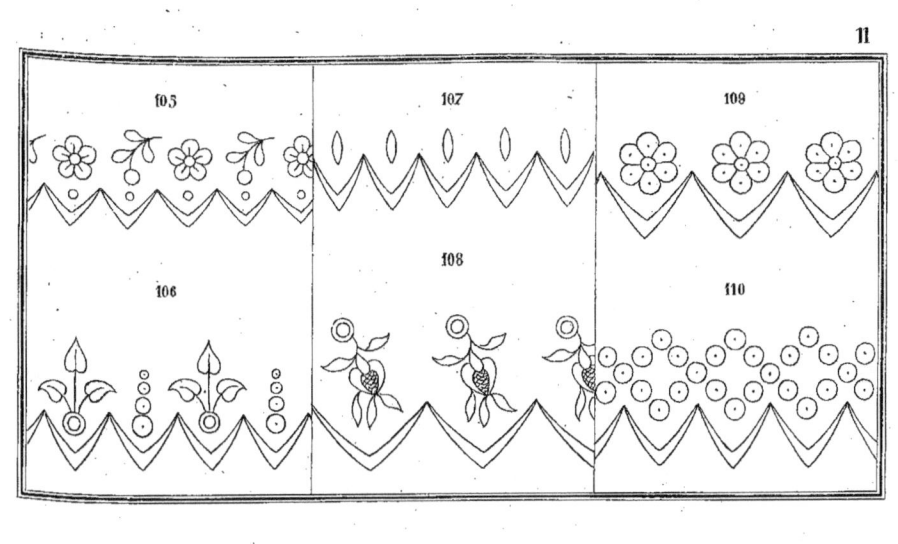

Feston crête de coq 12

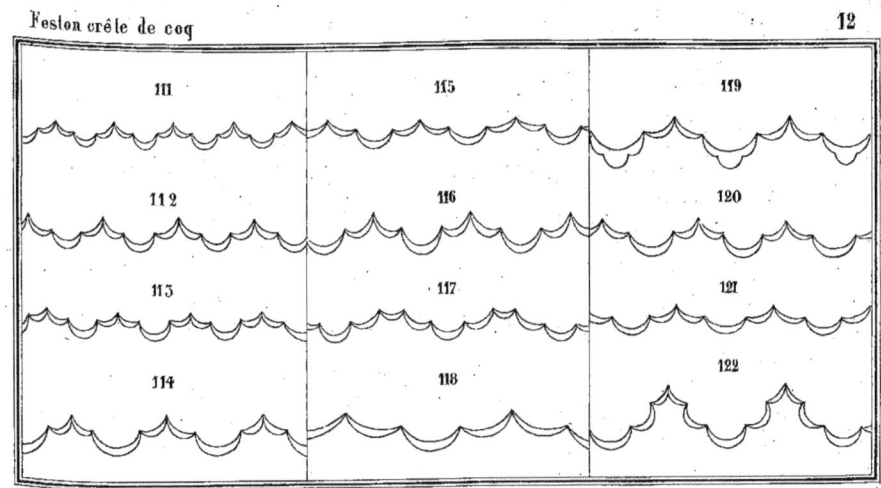

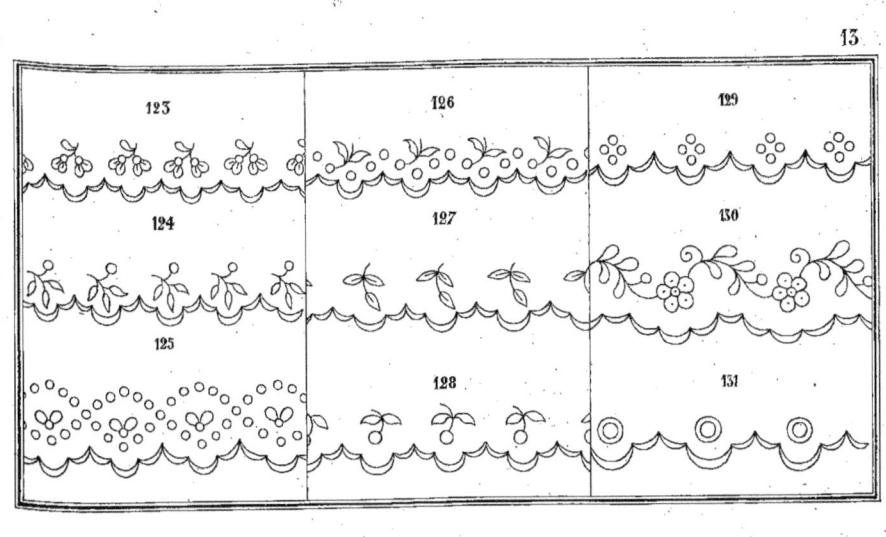

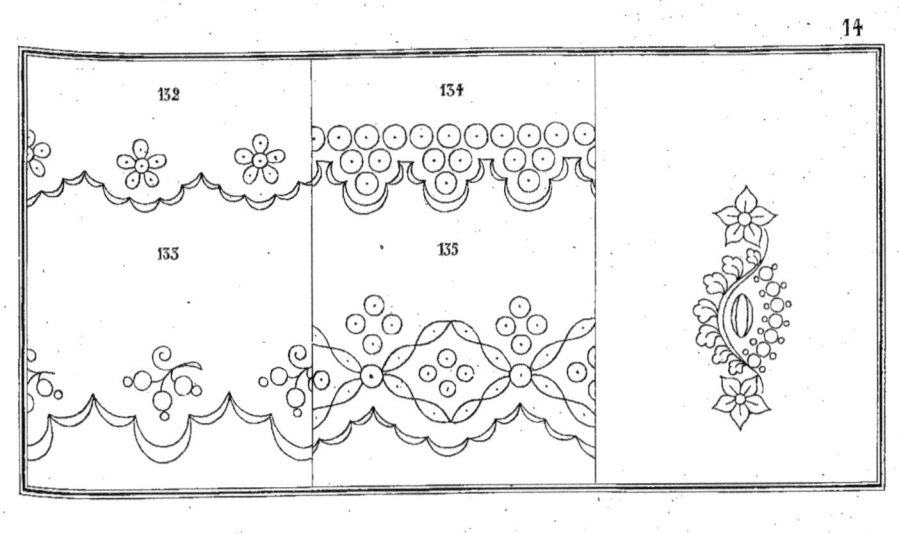

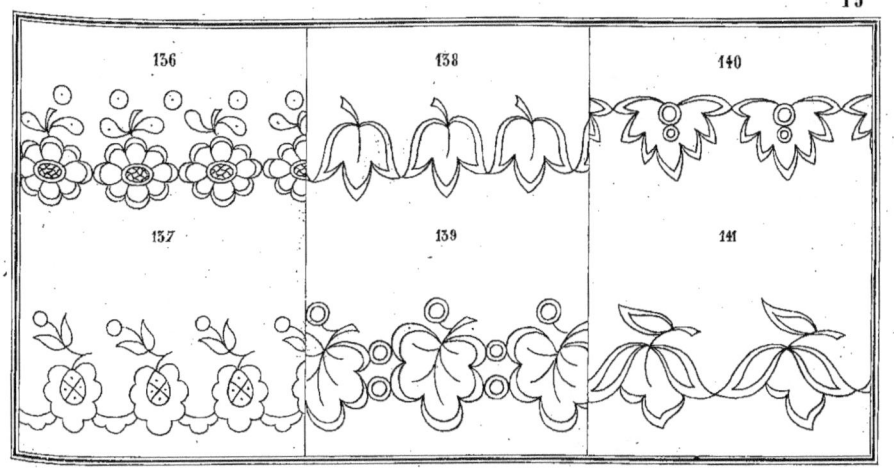

Feston uni bourré

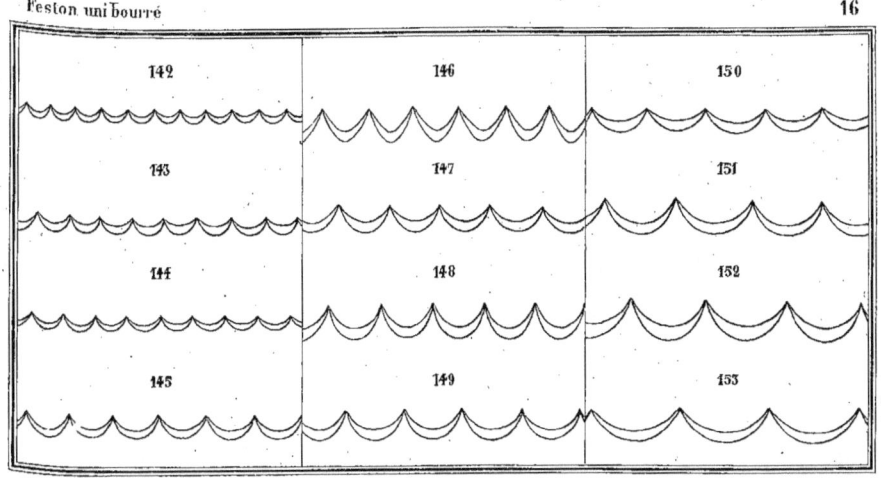

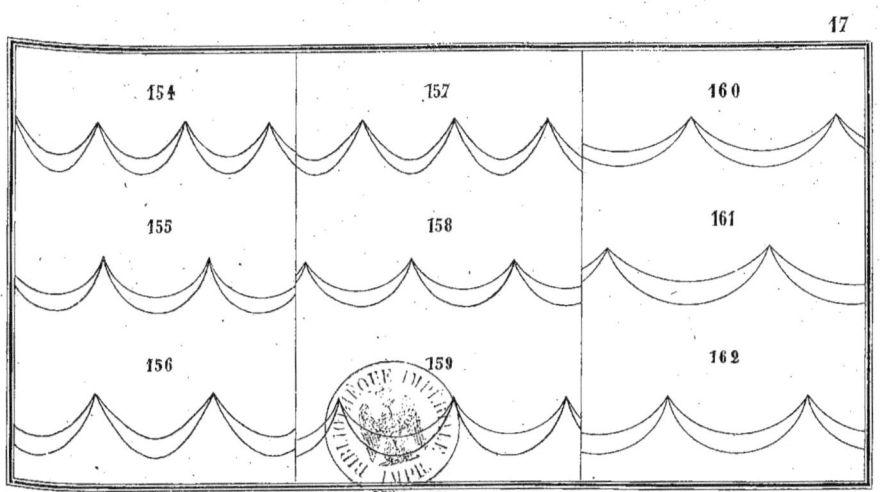

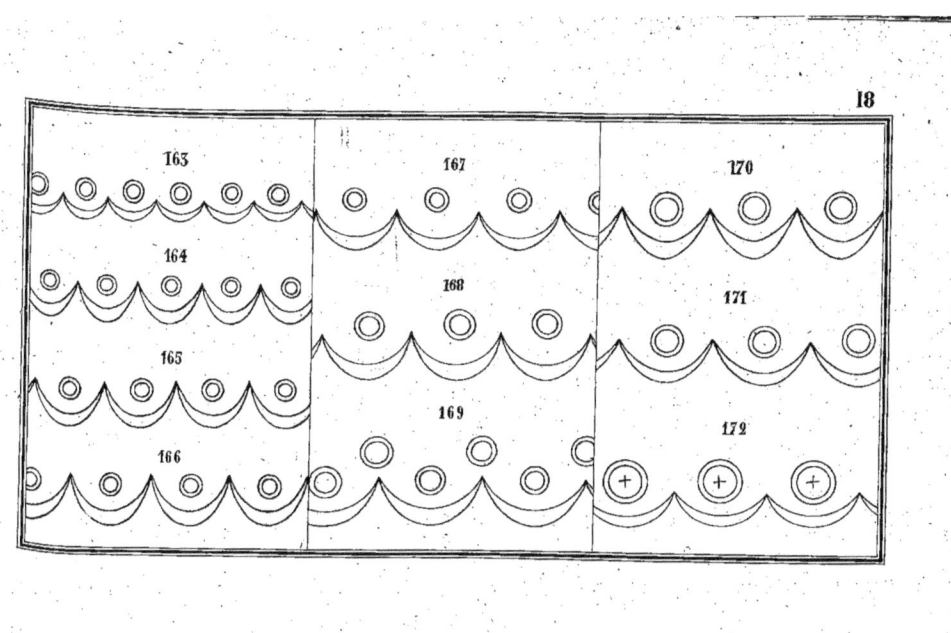

19

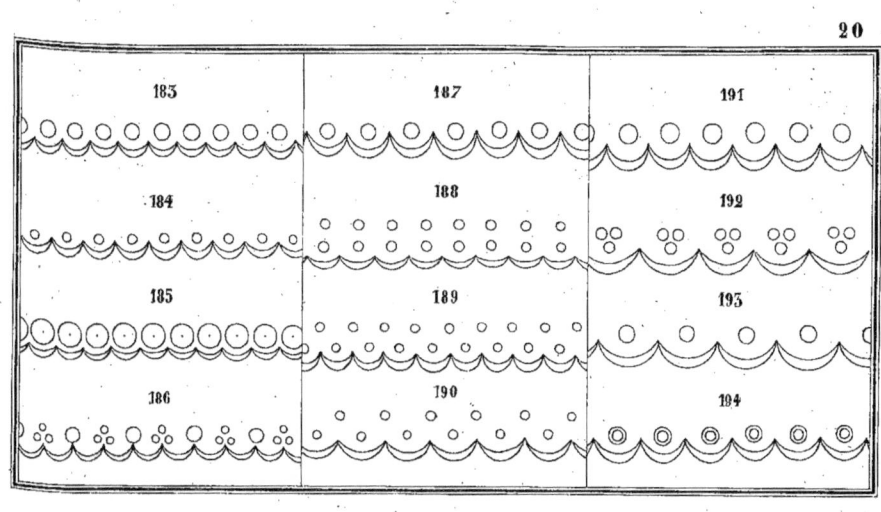

21

195 198 201
196 199 202
197 200 203
          204

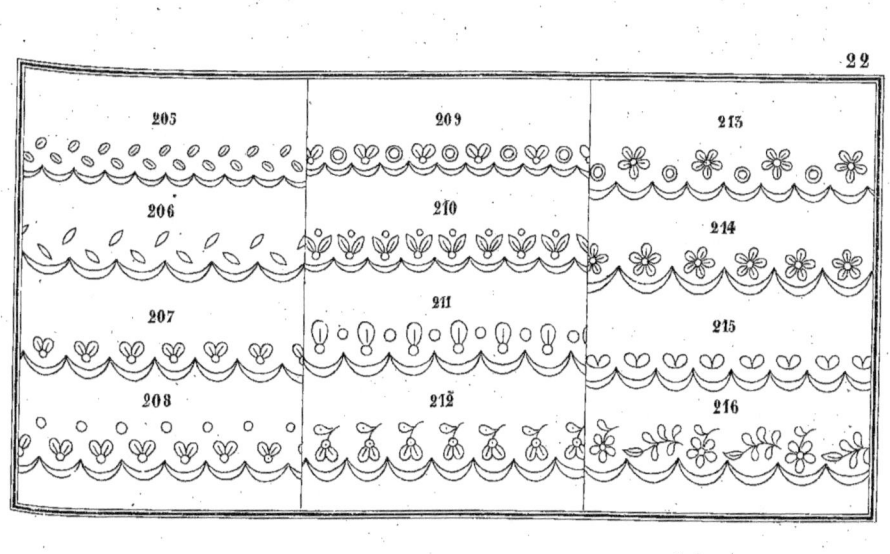

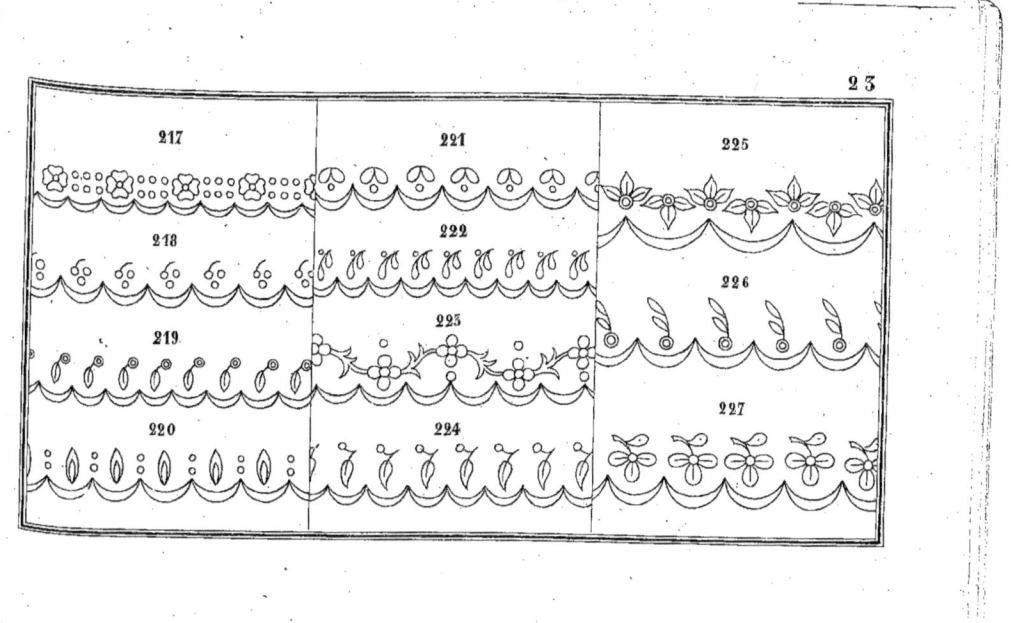

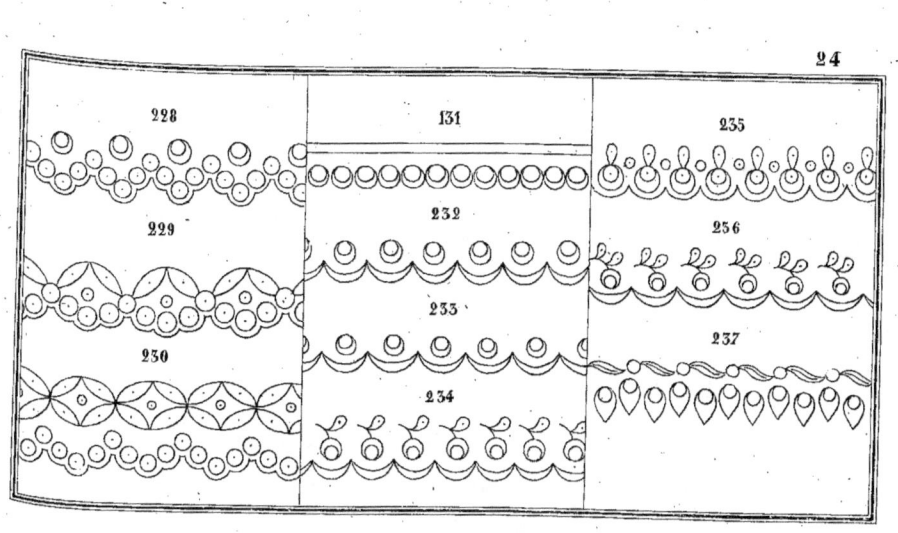

Feston point de rose 25

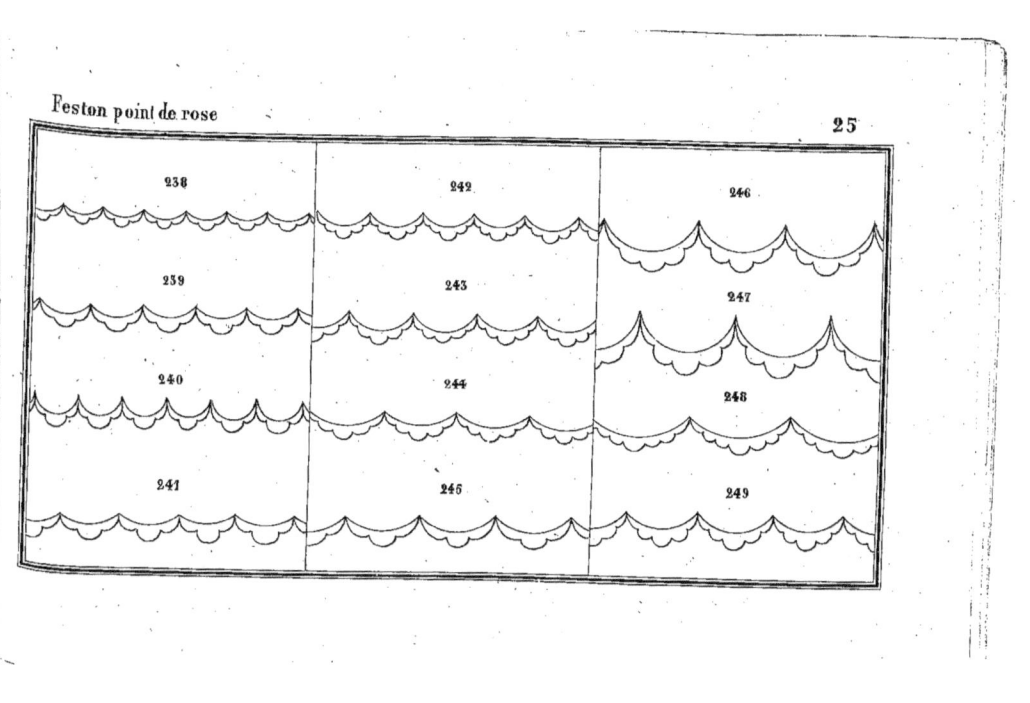

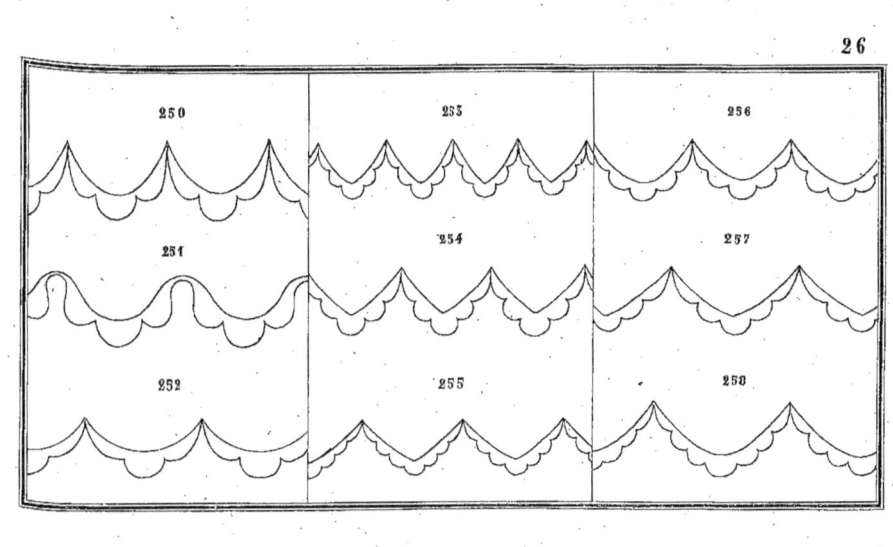

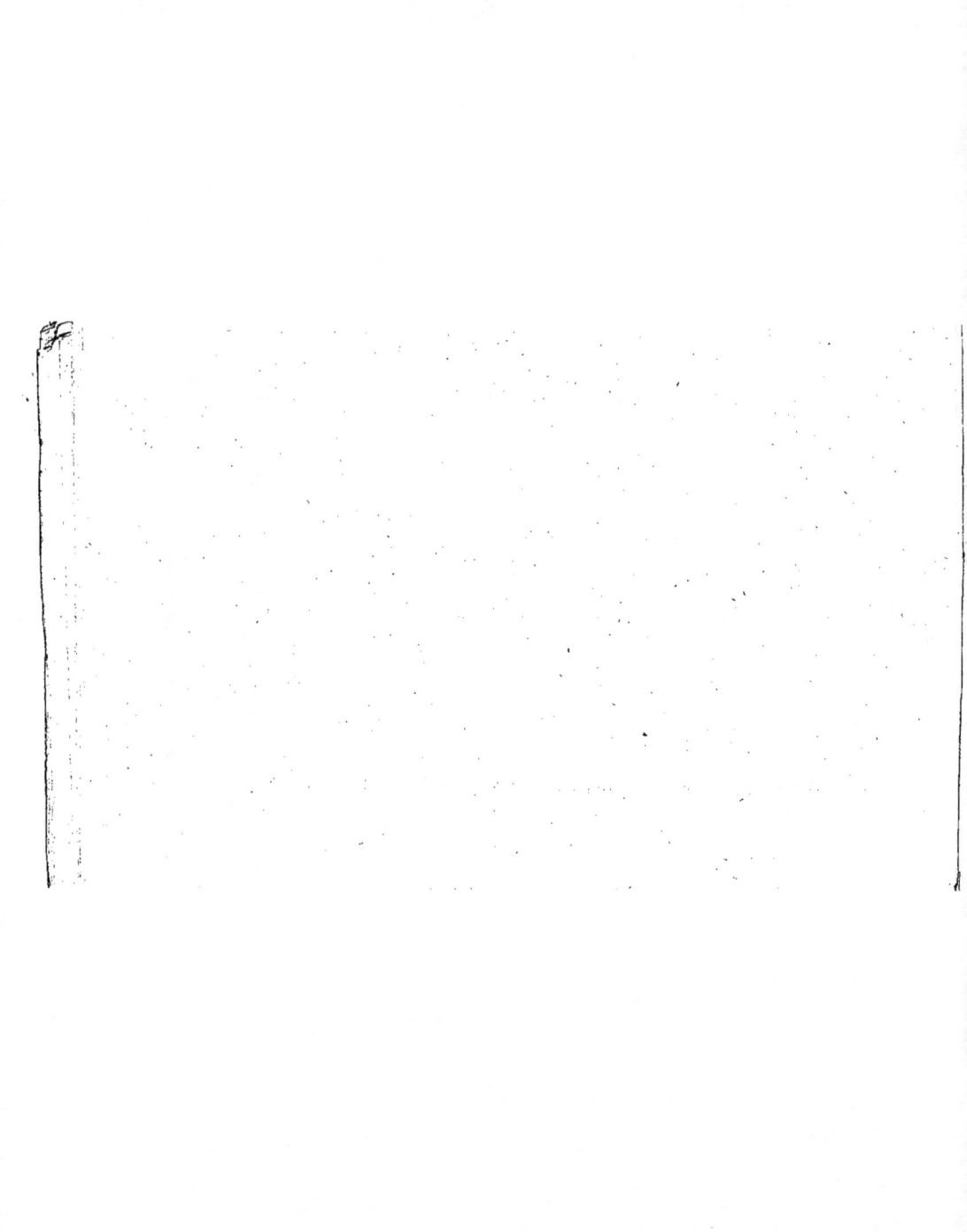

Feston bouclé 27

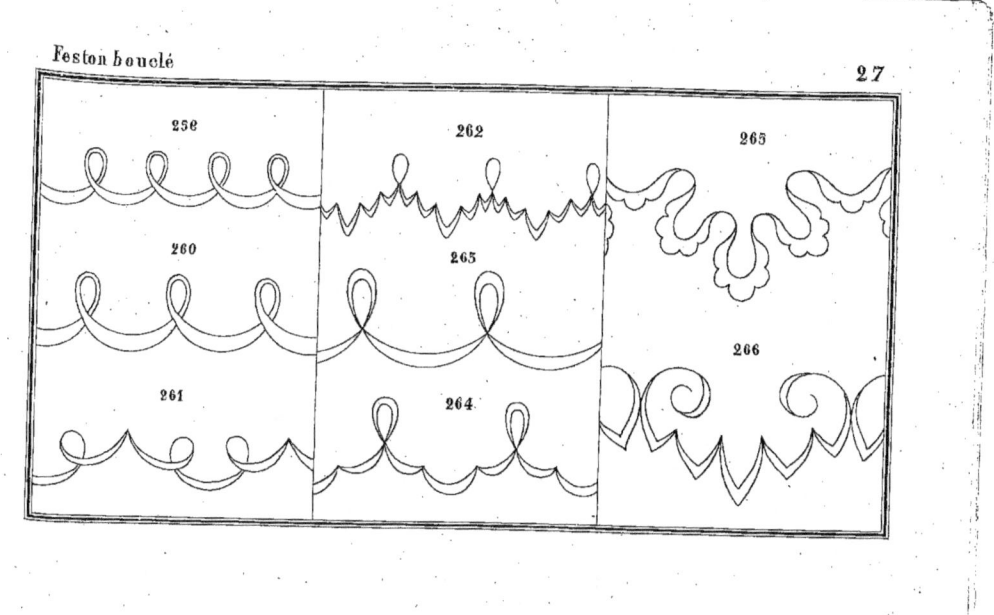

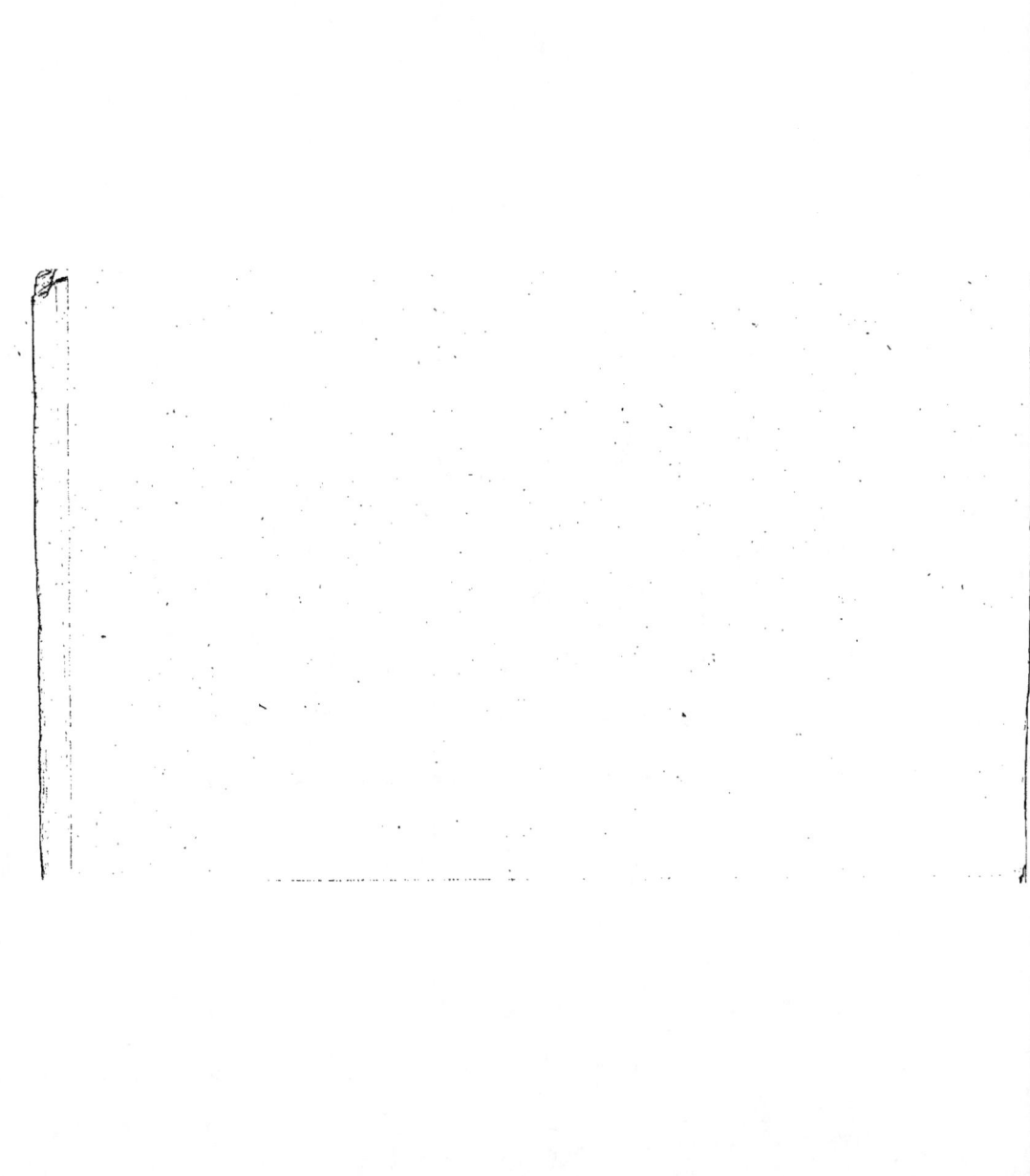

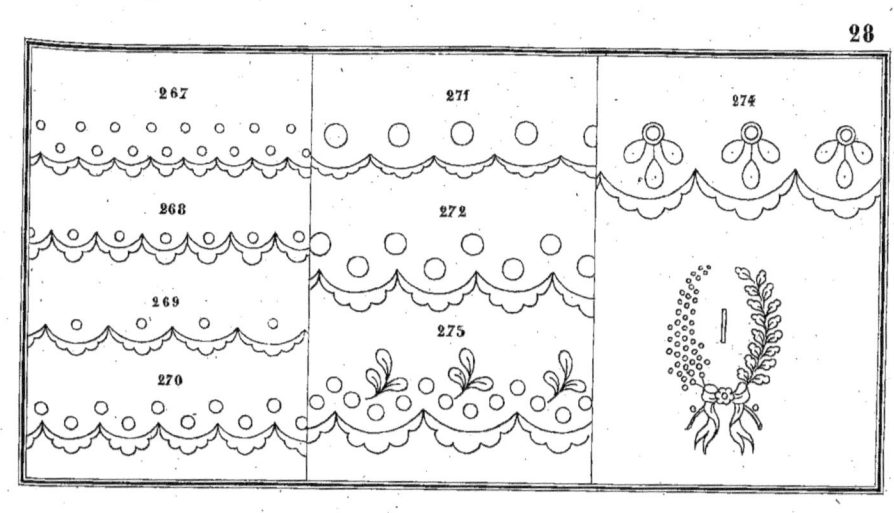

29

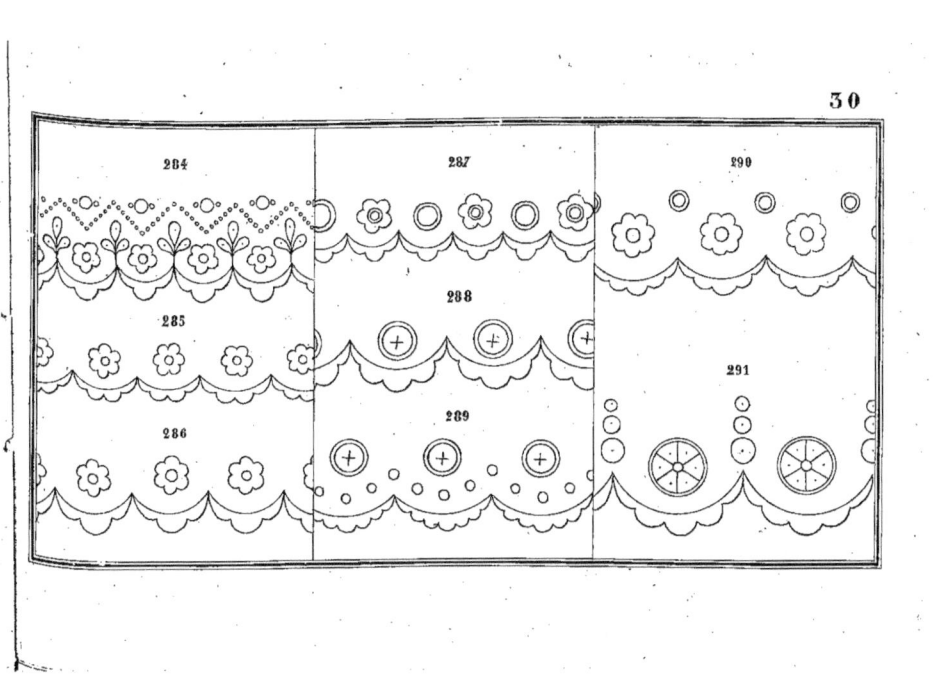

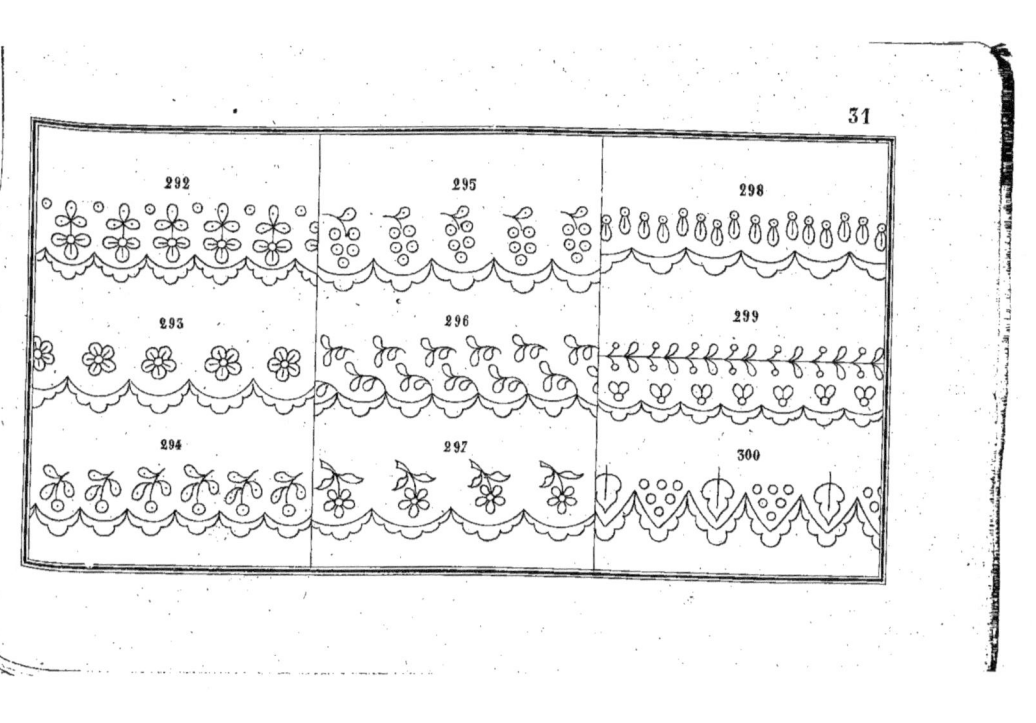

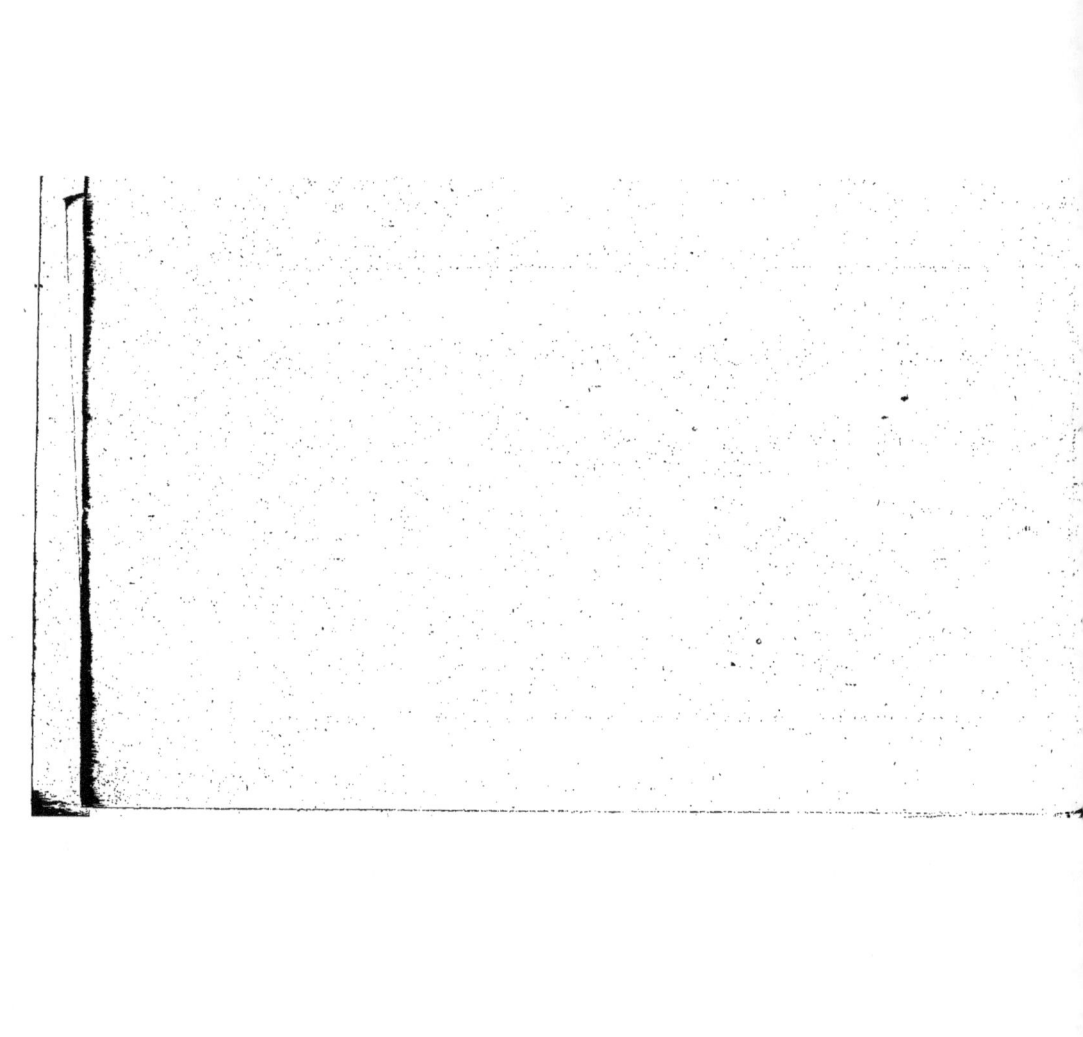

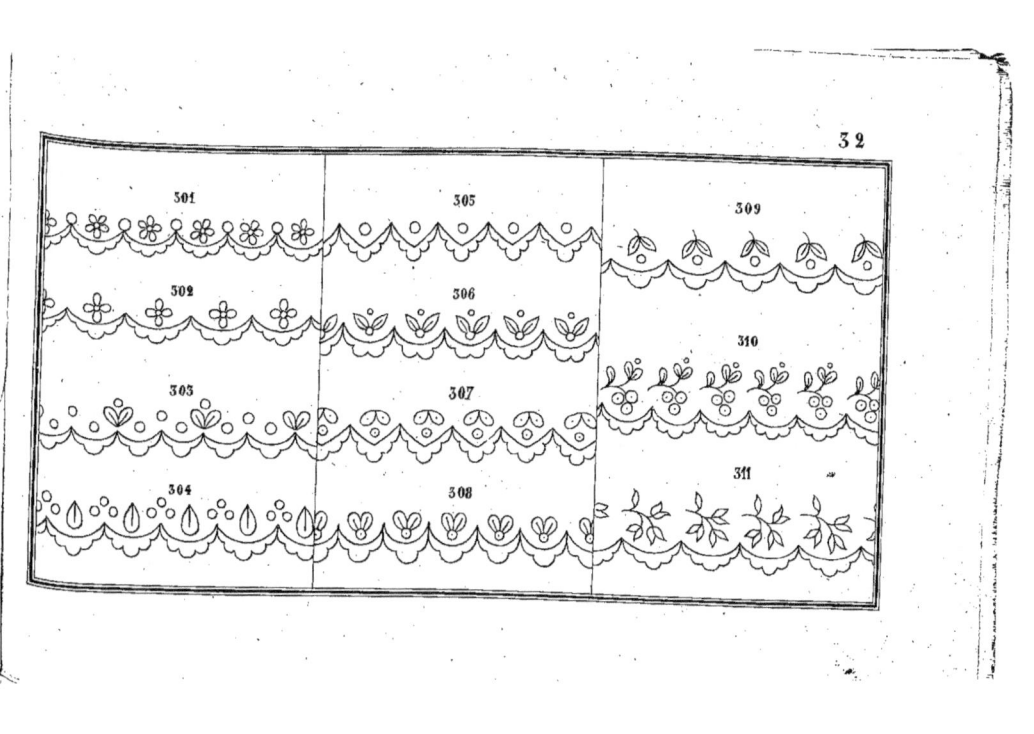

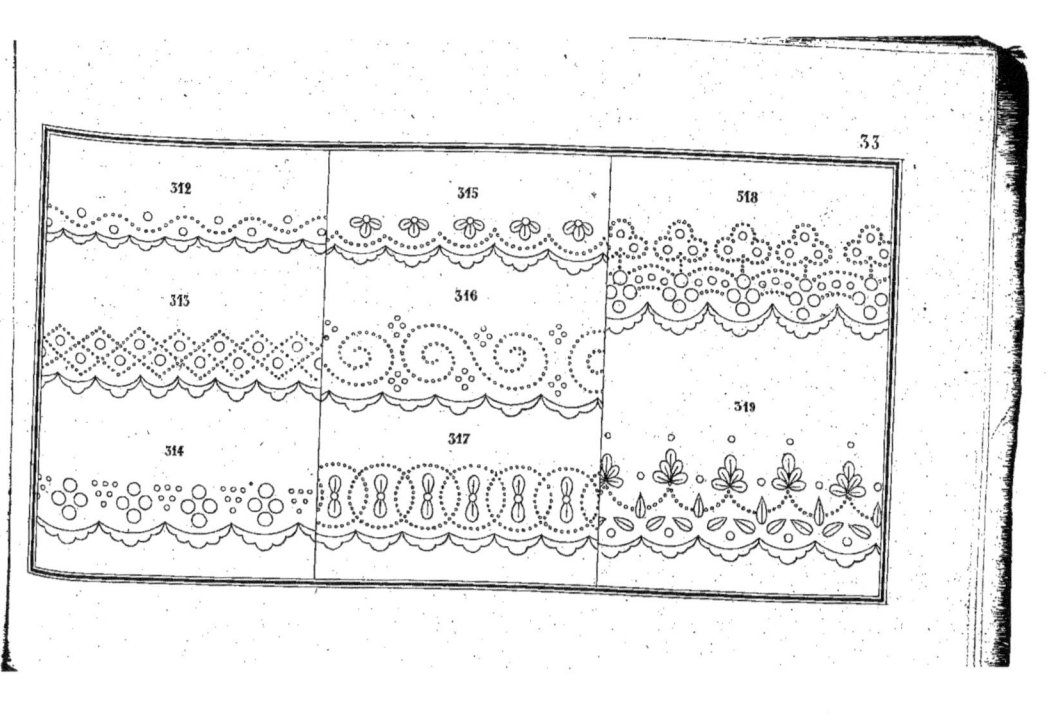

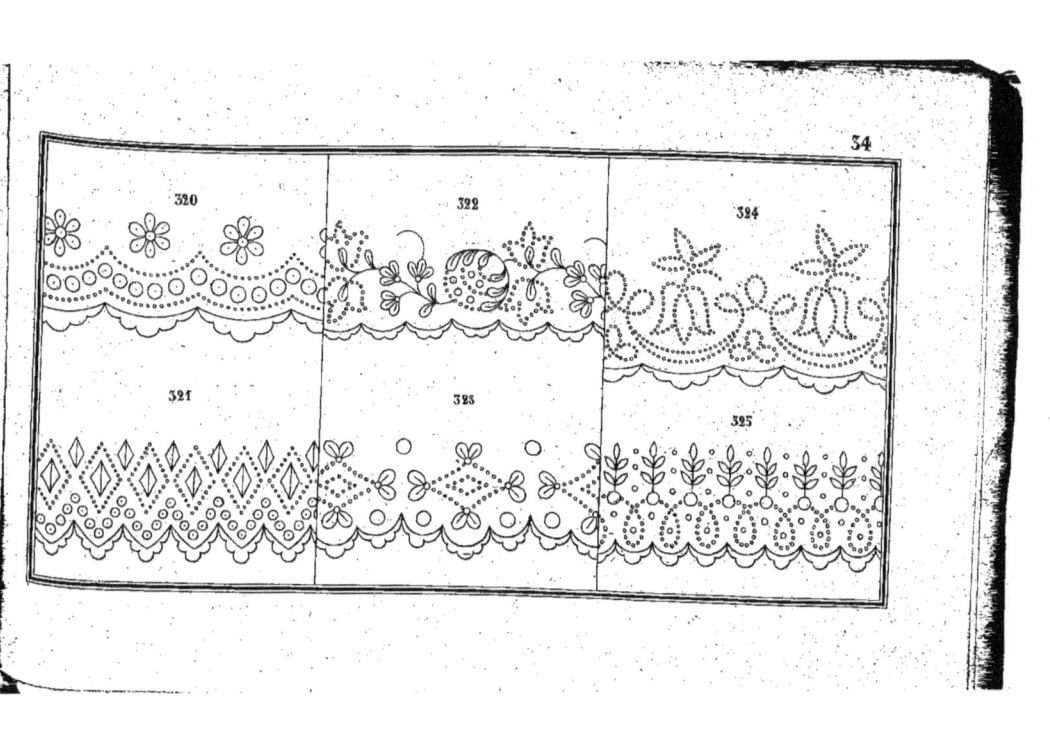

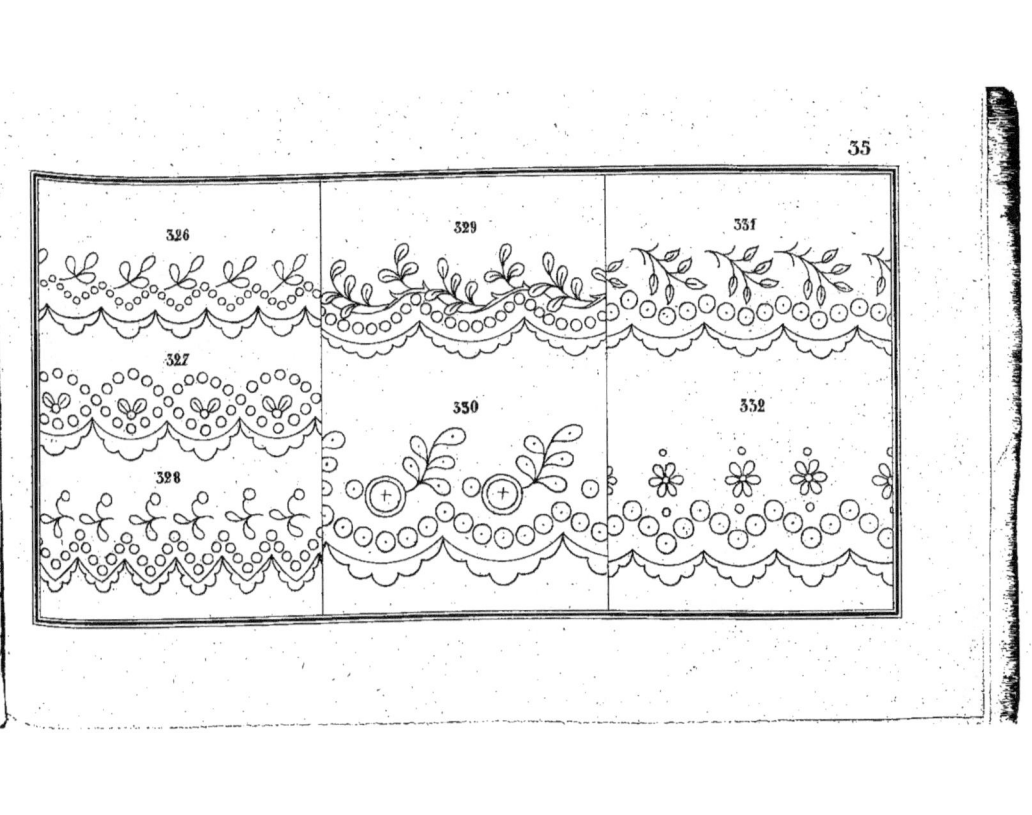

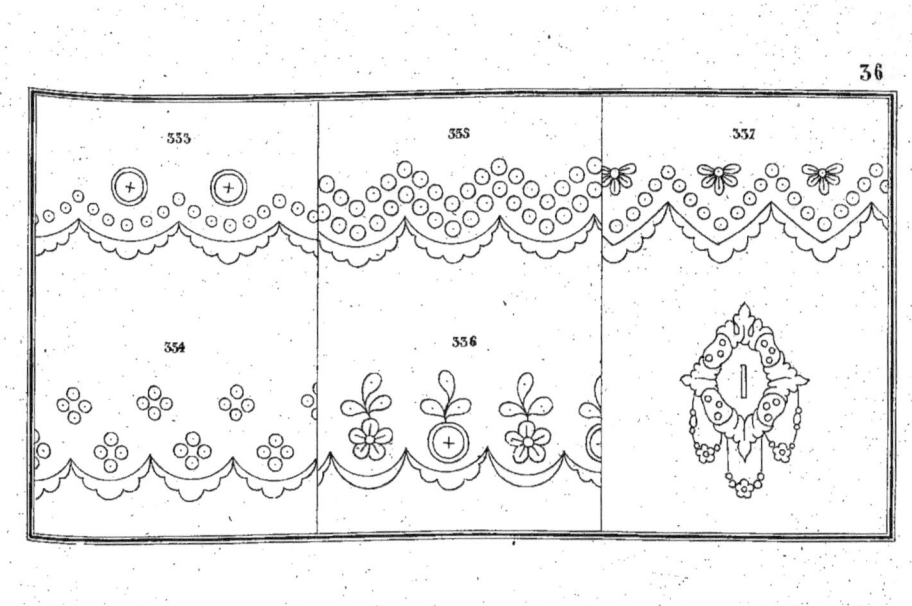

ENTRE-DEUX

Entre-deux.

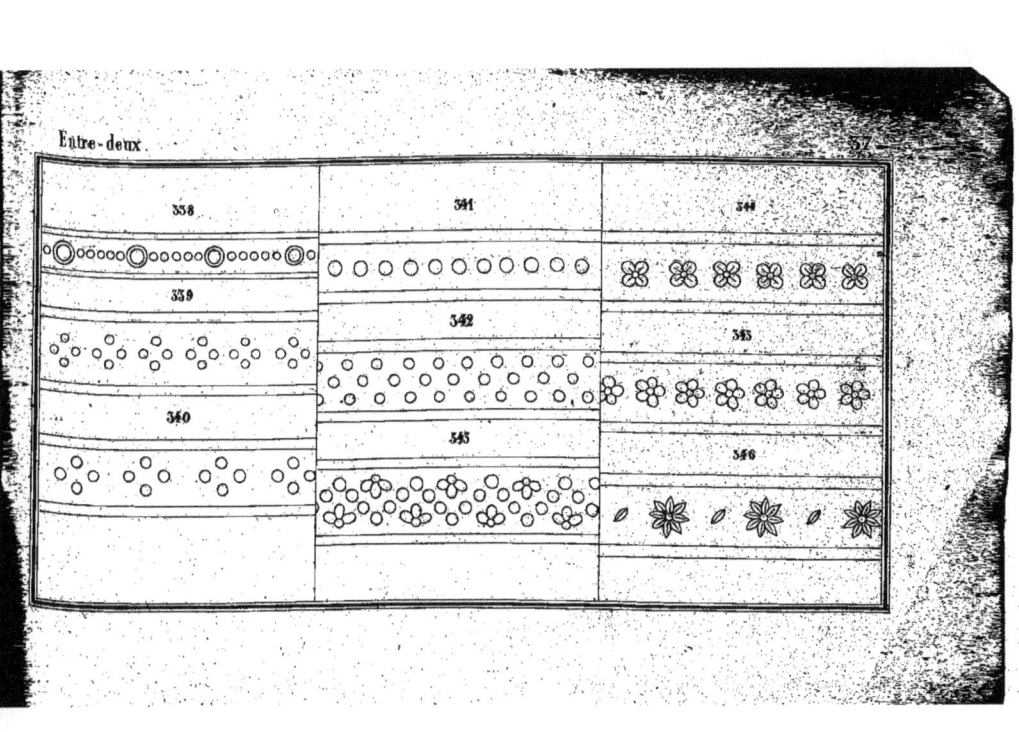

38

347
348
349
350
351
352
353
354
355

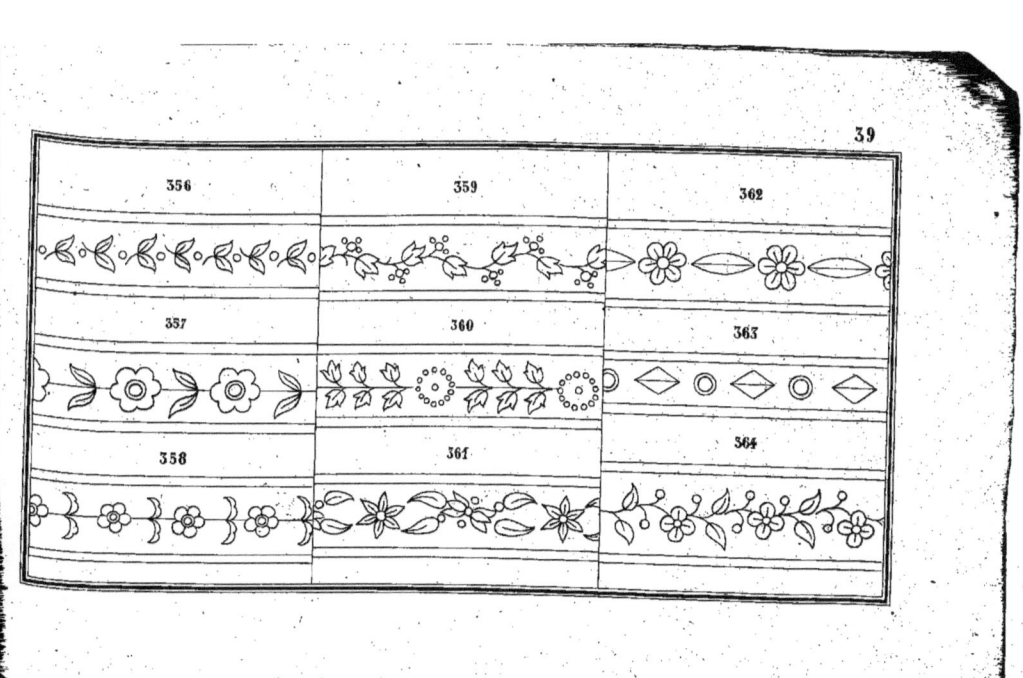

40

365 368 371

366 369 372

367 370

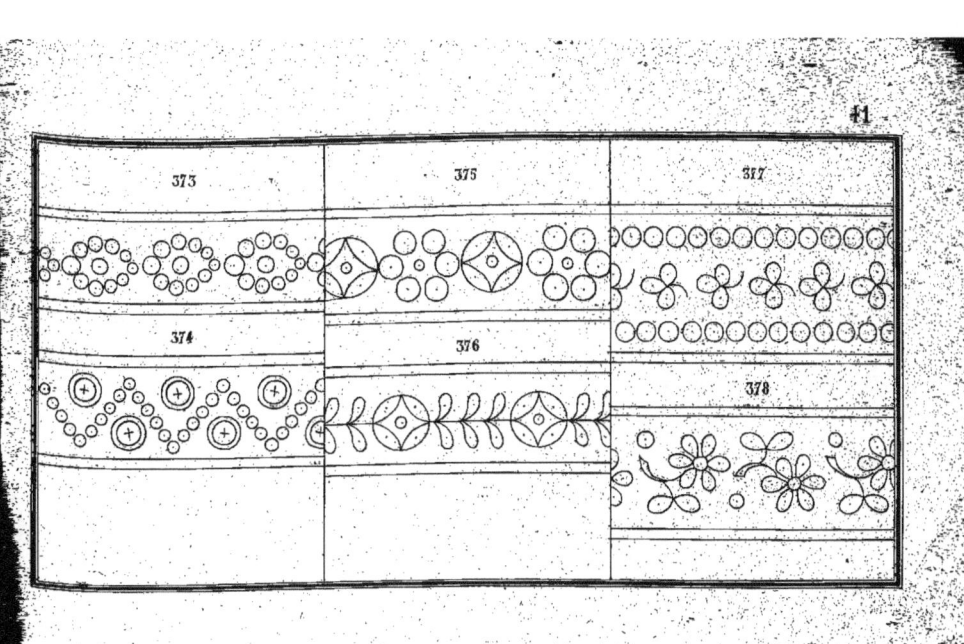

379 381 383
380 382 384

42

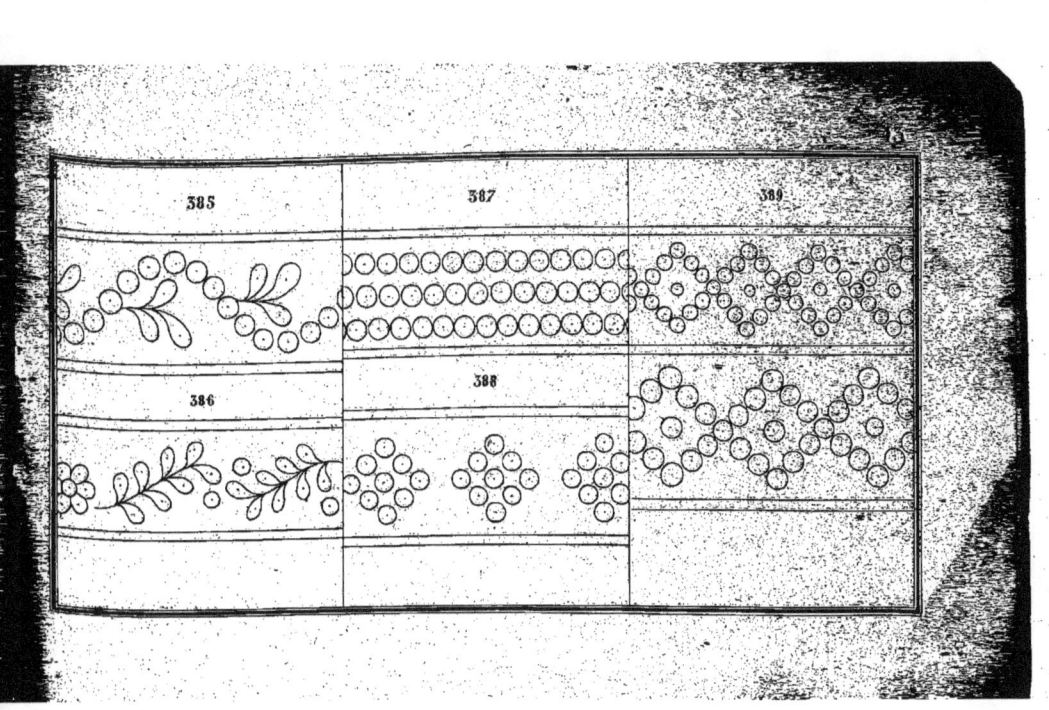

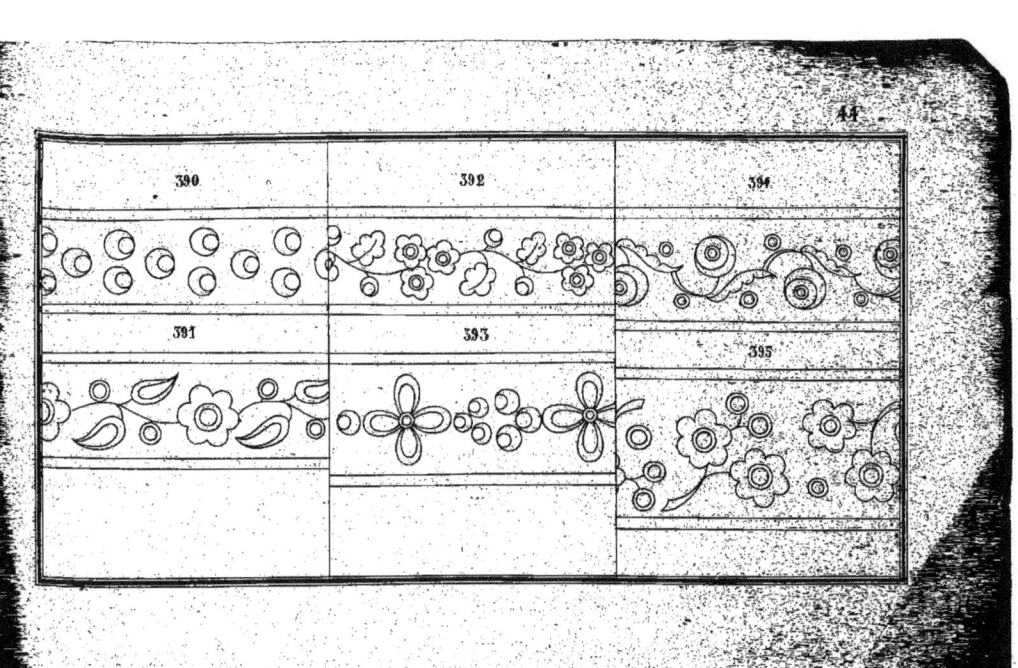

45

396 398 400
397 399 401

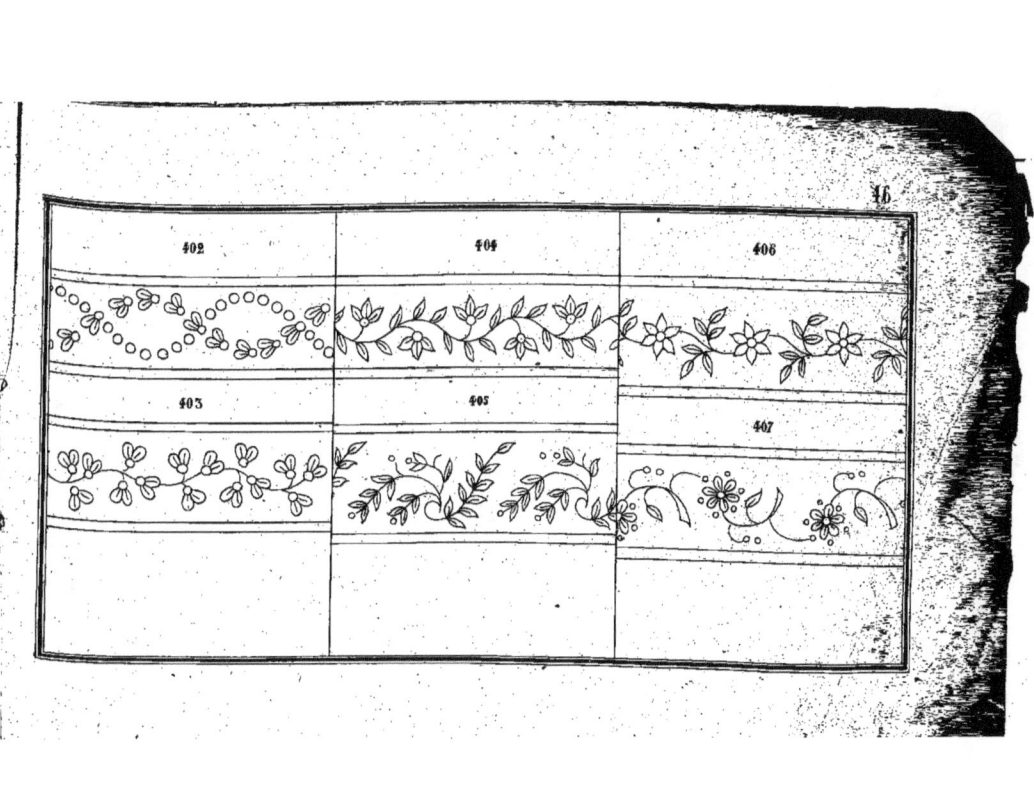

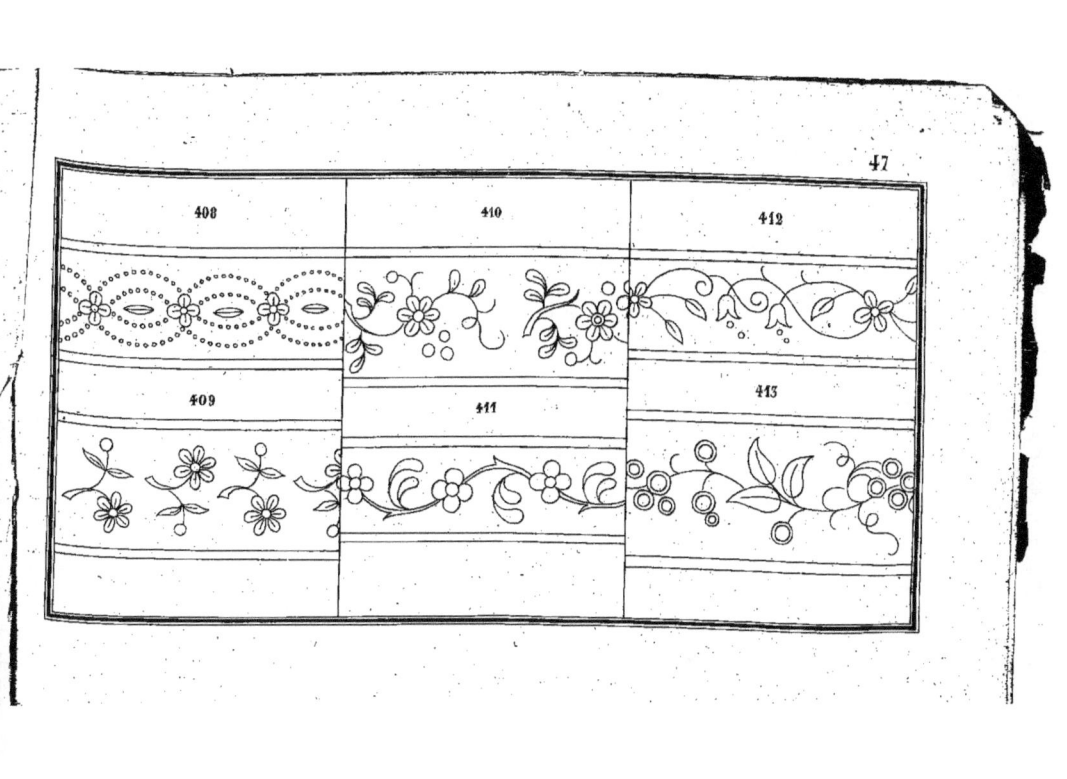

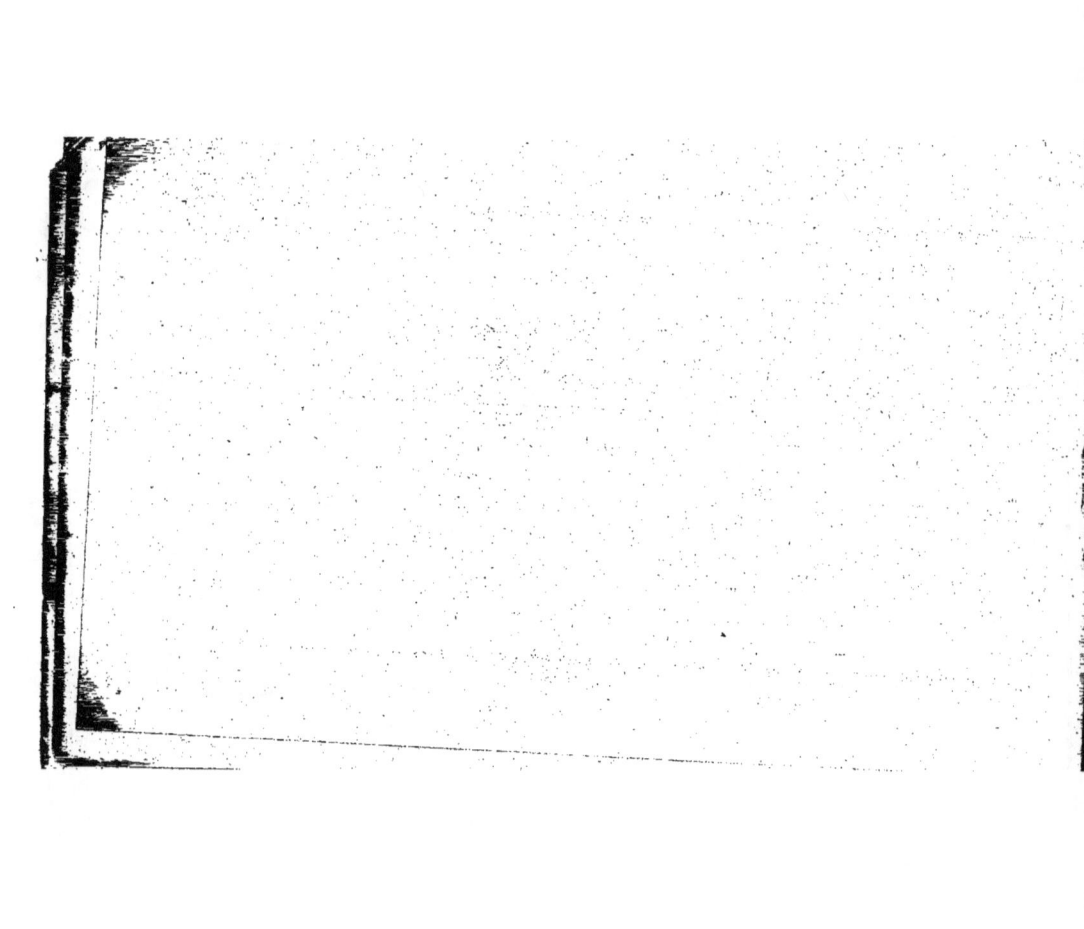

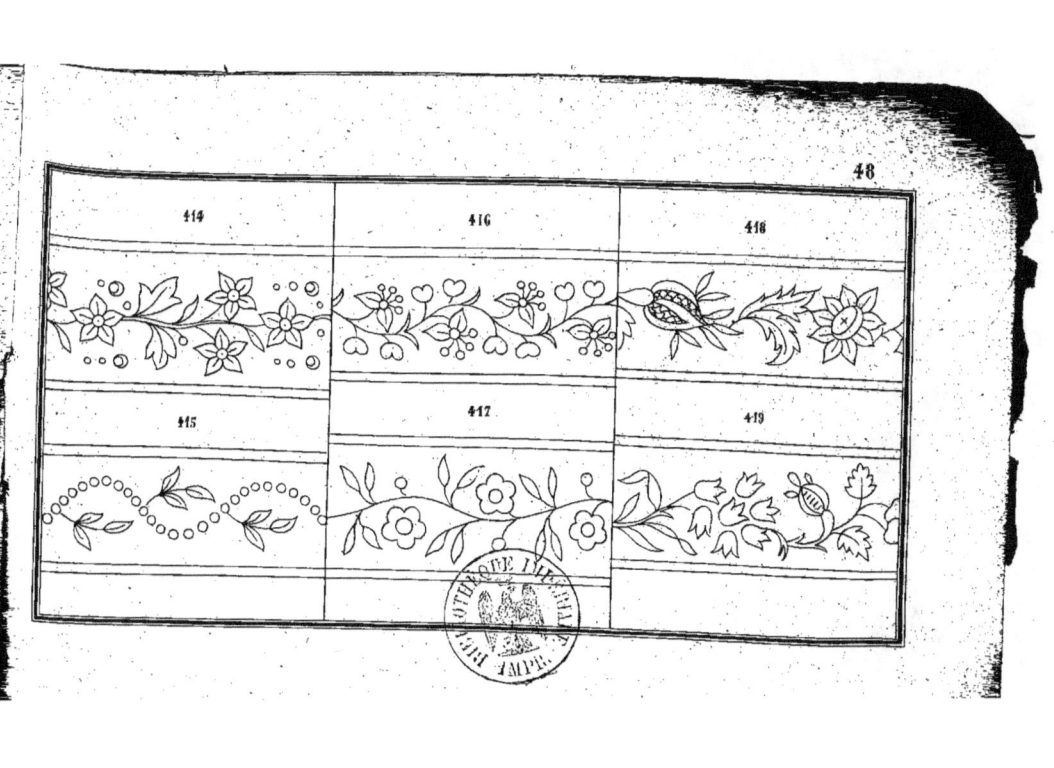

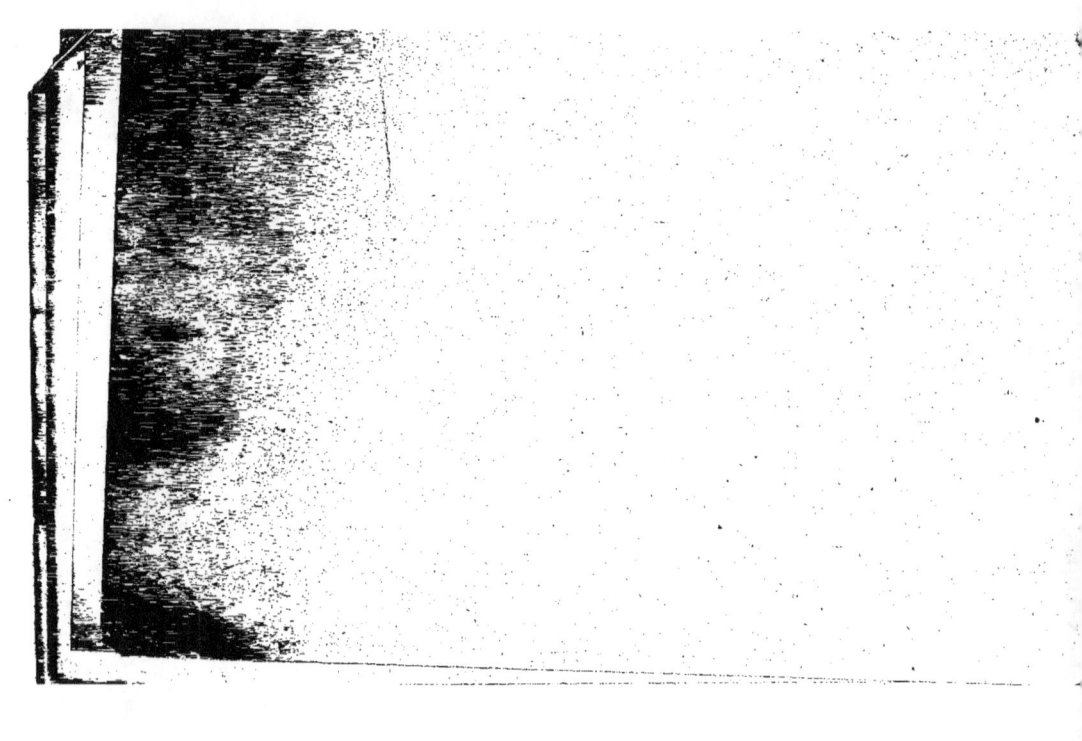

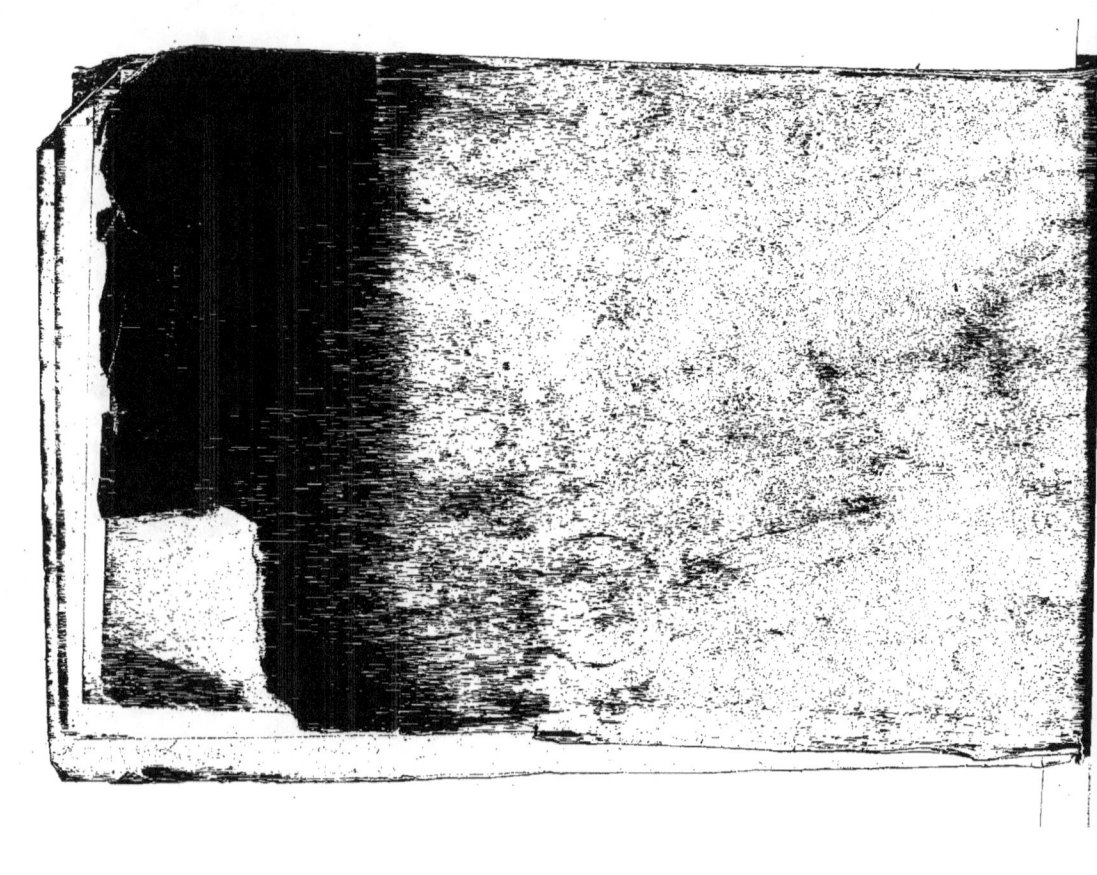

www.ingramcontent.com/pod-product-compliance
Lightning Source LLC
Chambersburg PA
CBHW070155230526
45471CB00002B/677